SVLTO

Wenn Fernando Pessoa das »Erwachen von Lissabon, später als anderswo« besingt, heißt das nicht, dass wir es hier mit einer Stadt voller Schlafmützen zu tun hätten. Im Gegenteil: Im Durchstreifen der Stadt paart sich die melancholische *saudade* des Fado mit dem quirligen Rhythmus einer modernen Metropole: José Saramago schildert die Belagerung Lissabons durch die Mauren und Touristen, Manuela Gonzaga führt ein in die Geheimnisse der Lissaboner Gärten und Freimaurer, Natália Corréia steckt den Soldaten Nelken in die Gewehrläufe, um die Diktatur zu beenden, António Lobo Antunes stellt die natürliche Ordnung der Dinge wieder her, Germano Almeida lässt die afrikanischen Einwanderer von den Kapverden sprechen, Lídia Jorge beschreibt die Stadt als Paradies ohne Grenzen, und Antonio Tabucchi verkauft uns Geschichten von intersektionistischen Seezungen und einem tragisch-maritimen Barsch.

Inhalt

Fernando Pessoa
Im leichten Nebel des Vorfrühlingsmorgens

Im leichten Nebel des Vorfrühlingsmorgens erwacht schlaftrunken die Unterstadt, und die Sonne geht auf, als ob sie langsam wäre. Stille Heiterkeit liegt in der leicht kühlen Luft, und das Leben fröstelt in dem sanften Wind, der nicht weht, vor einer Kälte, die bereits vorüber ist, es fröstelt eher in der Erinnerung an Kälte als vor Kälte, weniger wegen des derzeitigen Wetters als vielmehr wegen des erst nahenden Sommers.

Bis auf die Milchgeschäfte und Kaffeehäuser ist noch alles geschlossen, aber die Ruhe ist keine sonntägliche Erstarrung, sondern schlicht Ruhe. Ein blonder Streif kündigt sich in der aufklarenden Luft an, und das Blau errötet leicht durch den sich auflösenden Nebel hindurch. In den Straßen die ersten Anzeichen von Bewegung, jeder einzelne Fußgänger hebt sich deutlich ab, und oben, an den wenigen offenen Fenstern, erscheinen ebenfalls morgendliche Gestalten. Die Elektrischen ziehen in der Nebelluft ihre bewegliche, gelbe Zahlenspur. Und von Minute zu Minute beleben sich spürbar die Straßen.

Ich lasse mich treiben, bin ganz sinnliche Aufmerksamkeit, ohne Gedanken und ohne Gefühl. Ich bin früh aufgewacht und ohne Vorurteile hinaus ins Freie. Ich betrachte alles prüfend wie ein Grübler. Sehe wie einer, der nachdenkt. Und ein leichter Gefühlsnebel steigt absurd in mir auf; der äußere Nebel scheint langsam in mich einzudringen.

Unwillkürlich fühle ich, dass ich soeben über mein Leben nachgedacht habe. Ich habe es selbst nicht bemerkt, aber so war es. Ich glaubte, ich sähe und hörte nur, wäre während meines ganzen müßigen Umherschlenderns nur ein Reflektor vorgegebener Bilder gewesen, eine weiße spanische Wand, auf welche die Wirklichkeit Farben und Licht anstelle von Schatten projiziert. Aber ich war mehr, ohne es zu wissen. Ich war die sich selbst verneinende Seele, und auch mein abstraktes Beobachten war Verneinung.

Die Luft trübt sich, weil der Nebel fehlt, sie trübt sich mit blassem Licht, mit dem sich der Nebel gleichsam vermischt hat. Mit einem Mal fällt mir auf, dass der Lärm viel größer und die Menschen viel zahlreicher geworden sind. Je mehr Passanten, desto weniger eilig die Schritte. Und schon lösen sich aus der sich verringernden Hast der anderen der Laufschritt der Fischweiber, die riesigen schwankenden Körbe der Bäckerjungen, die unterschiedliche Ähnlichkeit der Händlerinnen alles anderen, aufgehoben nur durch den Inhalt ihrer Körbe, in denen die Farben vielfältiger sind als das Feilgebotene. Die Milchmänner klappern mit den ungleichen Blechkannen ihres ambulanten Berufes wie mit hohlen absurden Schlüsseln. Die Polizisten erstarren an den Kreuzungen, ein uniformiertes Dementi der Zivilisation in der unsichtbaren Bewegung des anbrechenden Tages.

Wie gerne wäre ich doch in diesem Augenblick jemand, der dies alles nur mit seinen Augen sehen, dies alles nur betrachten könnte wie ein erwachsener Reisender, der heute an die Oberfläche des Lebens gelangt ist! Von Geburt an nicht gelernt zu haben, diesen Dingen allen überkommenen Sinn zu verleihen, sondern sie mit dem Ausdruck zu erleben, den sie abgetrennt von dem ihnen auferlegten Ausdruck besitzen. Im Fischweib die menschliche Wirklichkeit erkennen, unabhängig davon, dass man sie Fischweib nennt und weiß, es gibt sie, und sie ist Händlerin. Den Polizisten sehen, wie Gott ihn sieht. Alles zum ersten Mal wahrnehmen, nicht apokalyptisch als Offenbarung des Mysteriums, sondern unmittelbar als Blüte der Wirklichkeit.

Jetzt erklingen – es sind wohl acht, aber ich zähle sie nicht – die Schläge einer Glocke oder einer großen Uhr. Ich erwache aus mir selbst durch das banale Vorhandensein von Stunden, Begrenzungen, die das Leben in der Gesellschaft der fortdauernden Zeit auferlegt, Grenze im Abstrakten, Trennstrich im Unbekannten. Ich erwache aus mir selbst und, während ich alles betrachte, nun schon voller Leben und der gewohnten Menschheit, bemerke ich, dass der Nebel, der den Himmel freigegeben hat, mit Ausnahme des fast Blauen, das noch im Blau schwebt, meine Seele wahrhaft durchdrungen hat und zugleich den Kern aller Dinge dort, wo sie meine Seele berühren. Ich habe die Vorstellung dessen, was ich sah, verloren. Ich sehe, aber bin blind. Ich fühle mit der Banalität des bereits Bekannten. Dies jetzt ist nicht mehr die Wirklichkeit: Es ist das Leben.

… Jawohl, das Leben, dem auch ich angehöre und das auch mir gehört; nicht mehr die Wirklichkeit, die nur Gott gehört oder sich selbst, die weder Geheimnis noch Wahrheit birgt, die, weil sie wirklich ist oder zu sein vorgibt, irgendwo unveränderlich existiert, frei von Zeitlichkeit oder Ewigkeit, absolutes Bild, Idee einer rein äußerlichen Seele.

Langsam, schneller als ich glaube, lenke ich meine Schritte zu der Haustür, durch die ich wieder nach oben in mein Zimmer gehen werde. Doch ich bleibe davor stehen, zögere, gehe weiter. Die Praça da Figueira, die bunte Waren ausgähnt, füllt sich mit Käufern und meinen Horizont mit fliegenden Händlern. Ich gehe langsam, wie erstorben, weiter, und meine Art zu sehen ist nicht mehr die meine, sie ist nichts mehr: nurmehr die Sehweise eines menschlichen Tieres, das, ohne es zu wollen, die griechische Kultur, die römische Ordnung, die christliche Moral und alle übrigen Illusionen geerbt hat, welche die Zivilisation ausmachen, innerhalb derer ich fühle.

António Alçada Baptista
Spaziergang durch Lissabon: Die Kioske

Mit bloßem Auge besehen sind alle Kioske gleich. Doch sie unterscheiden sich in Bezug auf ihr Innenleben. Ja, denn ein Kiosk, der etwas auf sich hält, ist ein aktiver Kern, um den sich seine kleine Geschichte rankt. Ich sage das deshalb, weil ich zu dem Kiosk auf der Praça do Príncipe Real eine persönliche Beziehung habe.

Normalerweise stehen Kioske auf Plätzen oder in Parks – wegen des geschäftigen Treibens in ihrer direkten Umgebung hat es keinen Sinn, sie mitten auf der Straße zu platzieren. In Parks gibt es, abgesehen von Pflanzen, auch noch anderes, namentlich Sitzbänke, alte Rentner, einfach nur Alte, streunende Hunde, verhätschelte Hunde, junge Mütter mit Kindern, Kindergartenkinder mit ihren jungen Kindergärtnerinnen. Es ist schön, die Kleinen in den Park kommen zu sehen: Jeder hält sich am Spielkittel seines jeweiligen Vordermanns fest, und die Erzieherin hat das Kommando. Die Passanten behandeln sie so rücksichtsvoll und ehrerbietig, als wären sie Minister auf dem Weg zur Ratsversammlung, unter der Aufsicht des Herrn Präsidenten.

Der Kiosk auf der Praça do Príncipe Real gehört Senhor Oliveira, er verkauft ein bisschen von allem, als da wären Sandwichs, Gebäck, Kekse ›Maria‹ (und andere Marken) zum Essen; zum Trinken: Kaffee mit oder ohne Koffein, Erfrischungsgetränke mit oder ohne Spritz, offener Wein, Bier, Wasser mit oder ohne Kohlensäure aus Thermen und Mineralquellen, Schnaps und andere bruststärkende Getränke. Es gibt portugiesische und ausländische Zigaretten, Zeitungen, Zeitschriften und Dinge, bei denen man, kaum ist man aus dem Haus, merkt, dass man sie vergessen hat: Papiertaschentücher, Schnürsenkel, Feuerzeuge und dergleichen.

Um den Kiosk stehen immer ein paar Rentner herum und andere, die nichts arbeiten, obwohl sie die Altersgrenze noch nicht erreicht haben. Manche trinken, sei es, um ihren Schmerz zu ertränken, sei es aus purer Gewohnheit und ohne existenziellen Bezug. Ich und Senhor Oliveira sind solidarisch mit dieser Bande, einmal waren wir vor Gericht und haben uns für eines dieser Kamele als Zeugen verbürgt. Ich war zurückhaltend, ich habe gesagt, er sei ein guter Junge und sein Verhalten ein Ausrutscher gewesen, aber um überzeugender zu wirken, hat Senhor Oliveira in aller Ausführlichkeit erklärt:

»Er ist ein vernünftiger Junge, ordentlich und rücksichtsvoll, Euer Ehren. Er kommt, trinkt sein Käffchen und sein Luso-Wässerchen ...«

Und ich sagte bei mir: Nur dass dieses Wässerchen in kleinen Gläsern serviert wird ...

Hervorheben möchte ich meinen Freund Conde de Alface, bei dem ich meine Zeitungen kaufe. Einmal musste ich ihm zu Hilfe kommen, weil er nach unserem EU-Beitritt nicht mehr unter freiem Himmel verkaufen durfte. Er beantragte den vorgeschriebenen Stand, aber die Verwaltung ließ sich mit der Genehmigung Zeit. Das war ein Vorwand mehr, besagten Schmerz zu ersticken, und er sagte mir durch den Alkoholdunst hindurch:

»Sie geben mir den Stand nicht, weil sie wissen, dass ich Kommunist bin! Nur der Herr Doktor kann mir helfen ...«

Und ich konnte. Der Stadtrat auf dem zuständigen Amt ist ein guter Freund von mir. Ich schrieb ihm einen Brief: »Lieber Dr. Carlos Robalo, mein Freund Conde de Alface verkauft mir seit zwanzig Jahren in seinen Trinkpausen Zeitungen. Er hat einen Stand beantragt – Kopie des Antrags liegt anbei – und noch immer keine Genehmigung erhalten. Seien Sie doch bitte so nett und sehen Sie zu, dass Sie mir die Lizenz zukommen lassen, andernfalls wäre mein Ansehen unter den Trinkern der Praça do Príncipe Real ernstlich beschädigt.« Der Stadtrat sicherlich um meinem Ruf Genüge zu tun – tat mir den Gefallen und beschleunigte den Vorgang, und heute zeigt sich der Conde stolz mit seiner Bude, auf die er ein Recht hatte.

Leider kenne ich keine anderen Kioske in Lissabon persönlich – ich würde gern etwas über das Leben der Menschen erfahren, die sich dort zwischen Lotto, Kaffee und Schnaps tummeln.

Doch diejenigen, die Lissabon kennen und wissen, wie man die schönen Geheimnisse entdeckt, die es versteckt – das sind seine Maler.

Ich sehe Carlos Botelho mit seinen Äuglein eines ausgelassenen Jungen vor mir, wie er an geselligen Abenden die Fiedel spielt, wie er noch das kleinste Stückchen Lissabon auf die Leinwand bannt – und die Leute blicken es an, sehen es aber nicht, bevor er uns nicht lehrt, es zu sehen.

Almada Negreiros hinterließ uns die Figuren der städtischen Komödie mit Leib und Seele: Fischverkäuferinnen, Krieger, Seebären, Gaukler, Navigatoren, Heilige, Fährleute, Kalfaterer und viele andere, von denen der Dichter Cesário Verde sagte, dass es sie zuhauf gab. Daher ist die Seele Lissabons auch durch die Academia Nacional das Belas-Artes geschützt, die Passos Manuel 1836 gegründet hat.

Lissabon bewahrt ein menschliches Maß, und so soll es bleiben: stolz, keine große Metropole zu sein, zufrieden, dass wir uns in der Stadt wiederfinden wie jemand, der in eine Straße kommt, alle Häuser und die Namen der Nachbarn kennt. Die Burg thront über der Stadt. José Luís Tinoco hat sie richtig im Profil getroffen, und die Leute fühlen sich beschützt und sicher, selbst diesseits ihrer Mauern. Und wenn dann die Nacht hereinbricht und es still wird am Chiado, kann man Fernando Pessoas Schritte hören, der – wie Luís Duran ihn auf einer Briefmarke dargestellt hat – vom Largo de São Carlos kommt und sein ›Dorf‹ durchquert (»Die Glocken meines Dorfes sind die der Mártires-Kirche, hier am Chiado«). Und da es Simões am Largo de Camões nicht mehr gibt, kann man Pessoa auch nicht mehr ›in flagranti‹ beim Trinken erwischen, also trägt er seine Unruhe an den Tisch des Cafés A Brasileira und bleibt dort sitzen – und posiert mit einer Tasse Kaffee für die Touristen.

José Saramago
Geschichte der Belagerung von Lissabon

Nun, wäre die Situation in dieser Stadt, in Lissabon, wirklich so, dass ihr Belagerung und Erstürmung unmittelbar bevorstünden, blieben diese Touristen da fort, es sind die ersten am Vormittag, zwei Autobusse voll, in dem einen Japaner, Brillen und Fotoapparate, in dem anderen Anoraks und Hosen von amerikanischen Farben. Sie scharen sich nun hinter den Dolmetschern, und Seite an Seite, in zwei getrennten Kolonnen, nehmen sie den Hang in Angriff, sie werden in die Rua do Chão da Feira tauchen, den Zugang zur Burg, mit der Nische des heiligen Georg, sie werden den Heiligen bewundern und den schrecklichen Drachen von lächerlich kleinen Maßen, dies in den Augen der Japaner, die weitaus erstaunlichere Bestien dieser Art gewohnt sind. Dagegen man den Amerikanern nachgerade vom Gesicht das beschämende Eingeständnis ablesen wird, dass ein den Jungstier mit dem Lasso einfangender Cowboy des Westens doch eigentlich eine erbärmliche Figur abgibt, verglichen mit dem silberbepanzerten Ritter da, dem in allen Kämpfen unbesiegten, wiewohl nun aber Verdacht aufkommt, dass er neue Gefechte meidet, vom einst errungenen guten Ruf zehrt. Schon sind die Touristen um die Ecke und verschwunden, die Straße ist mit einem Mal friedlich still, am liebsten schriebe man, sie döst vor sich hin, wenn das nicht zwingend den Eindruck von geistiger und körperlicher Schlaffheit zur heißen Sommerszeit erweckte, so im Widerspruch zum kalten Vormittag heute, auch wenn der Ort ruhig ist und die Menschen leise. Von hier aus kann man den Fluss sehen, hinweg über die Schartenzeilen der wegen der Hanglage fast verdeckten Kathedrale, deren Türme wie ein Gesteck aus lauter Stöckchen anmuten, und auf dem Fluss, so spürt man, trotz der beachtlichen Entfernung, herrscht heitere Stille, man errät sogar den drängenden Flug der Möwen über den schillernden wogenden Was-

sern. Ankerten dort hinten wirklich fünf Kreuzfahrer-
schiffe, sie hätten die reglos daliegende Stadt sicherlich
schon unter Beschuss genommen, solches wird nicht geschehen können, wissen wir doch, dass den Mauren von
jener Seite her Gefahr nicht droht, nachdem gesagt und
aus dem Gesagten ein Geschriebenes wurde, damit es be-
zeuge und Kunde gebe, dass die Portugiesen dieses Mal
nicht mit der Hilfe derer rechnen können, die hier nur
landeten, um Wasservorrat zu nehmen und zur Erholung
von den Strapazen der Fahrt und den Peinigungen durch
die Stürme, ehe sie weiter führen, den Händen der Un-
gläubigen nicht eben eine so gemeine Stadt zu entreißen
wie diese, sondern den kostbaren Boden, der des Herr-
gotts Gewicht einst spürte, und der, an irgendeinem Ort,
den kein anderer je wieder betrat, einem von Regen und
Wind unberührten, die göttlichen Spuren seiner nackten
Fußsohlen bewahrt.

Der Korrektor Raimundo Silva bog in die Rua do Mi-
lagre de Santo António ein, und als er an seinem Haus
vorbeikam, wollte ihm für einen Augenblick lang schei-
nen, vielleicht weil er halb bewusst auf die Laute ringsum achtete, dass ein Telefon klingelte. Es wird meines
sein, dachte er, doch es war sehr nahe gewesen, vielleicht
beim Barbier auf der anderen Straßenseite, da fällt ihm
noch eine weitere Möglichkeit ein, wie unvorsichtig von
ihm, wie ausgemacht töricht zu glauben, Costa würde
zwangsläufig das Telefon benutzen. Wer weiß, vielleicht
kommt er da grad eben, und die Phantasie, dienstbar,
malte ihm sogleich das Bild, Costa mit Auto braust zorn-
entbrannt die Rua do Limoeiro herauf, noch hallt das
Reifenkreischen von der Kurve an der Kathedrale durch
die Lüfte, falls Raimundo nicht auf der Stelle die Flucht
ergreift, taucht Costa hier auf mit fauchendem Motor,
heftig bremsend vor der Eingangstür, und außer Atem
ruft er, Einsteigen, steigen Sie ein, wir haben etliches zu
bereden, nein, nicht hier, hier nicht, Costa ist trotz allem
wohlerzogen, er bringt es nicht über sich, ihm auf der
Straße eine Szene zu machen. Den Korrektor hält es nicht

mehr, er hastet die Escadinhas de São Crispim hinab, und erst hinter der Krümmung, Costas bang suchendem Blick verborgen, hält er inne. Er setzt sich auf eine der Stufen dieser langen Stiege, um sich vom Schrecken zu erholen, verscheucht einen Köter, der sich mit vorgereckter Schnauze witternd näherte, aus der Tasche zieht er die dem Paket entnommenen Blätter, faltet sie auseinander, glättet sie auf den Knien.

In seinem Erker, beim Anblick der wie Stufen bis zum Fluss hinabsteigenden Dächer, hatte er den Einfall gehabt, den Verlauf der maurischen Mauer abzuschreiten, folgend den ehrlich eingestanden kargen und bezweifelbaren Angaben des Historikers. Eben hier aber, vor seinen Augen, hat Raimundo Silva ein Stück Mauer, und falls es nicht die ursprüngliche, echte ist, so doch eine Mauer an haargenau dem Fleck, längs der Stiege abwärts, unterhalb einer Reihe breiter, von hohen Giebeln überspannter Fenster. Raimundo Silva befindet sich folglich außerhalb der Stadt, er gehört zur belagernden Armee, fehlte nur, es täte sich eines dieser Riesenfenster jetzt auf, ein Maurenmädchen erschiene und stimmte einen Gesang an, Lissabon, hab Acht, ist wohlbewacht, Christ, der sie erkoren, ist selbst verloren, und als sie dies gesungen, schlug sie das Fenster zu, ein Zeichen der Verachtung, doch da schob sich, falls den Korrektor das Auge nicht täuschte, der Musselinvorhang sacht zur Seite, und schon diese einfache Geste hob die in den Worten enthaltene Drohung auf, sofern wir sie wortwörtlich nehmen, denn sehr wohl konnte es sein, dass Lissabon, dem Anschein entgegen, nicht Stadt war, sondern Weib, und das Verloren würde nur mehr ein verliebtes sein, falls das einschränkende Adverb hier hinpasst, falls ein solches Verloren nicht das einzige glückhafte ist. Wieder näherte sich der Köter, diesmal mustert Raimundo Silva ihn argwöhnisch, wer weiß, vielleicht hat er die Tollwut, einmal, er erinnert sich nicht mehr recht wo, las er, ein Anzeichen für jenes schreckliche Übel sei der gesenkte Schwanz, und dieser da hängt recht schlaff, doch das mag von der schlechten

Kost herrühren, bei dem Tier kann man ja die Rippen zählen, und ein Anzeichen, ein allerdings bestimmendes, ist auch der unheilvolle Geifer, der dem Tier von den Lefzen und Reißzähnen trieft, nun, wenn diesem Köter der Speichel rinnt, so sicherlich angeregt durch den Duft der hier entlang der Escadinhas de São Crispim in Vorbereitung befindlichen Garspeisen. Der Hund, beruhigen wir uns, hat nicht die Tollwut, wäre dies zu Zeiten der Mauren, dann vielleicht, nicht aber jetzt, in einer Stadt wie dieser, in einer modernen, hygienisch sauberen, organisierten, überhaupt merkwürdig solch Exemplar an streunendem Hund, wahrscheinlich entging er dem Häschernetz nur, weil er bevorzugt diesen abseitigen steilen Weg nutzt, der einen flinken Fuß und eine jugendliche Lunge erfordert, was bei den Hundefängern nicht unbedingt in eins geht.

Raimundo Silva befragt die Papiere, verfolgt im Geiste, den Weg, das Tier insgeheim im Auge, und da fällt ihm jene Stelle ein, wo der Historiker über die nach monatelanger Belagerung unter den Eingeschlossenen aufgetretene schreckliche Hungersnot schreibt, kein Hund und keine Katze habe überlebt, sogar die Ratten seien verschwunden, nun, falls das stimmte, hatte jener recht, der da sagte, ein Hund habe gebellt, an jenem friedvollen Morgen, als der Muezzin das Minarett bestieg, um die Gläubigen zum Gebet zu rufen. Im Irrtum sein mochte hingegen, wer behauptete, die Mauren ertrügen den Anblick des Hundes nicht, weil der für sie ein unreines Tier. Nun, räumen wir ein, dass sie ihn aus dem Hause verbannten und ihm Liebkosung und Fressnapf verwehrten, er aber war aus dem geräumigen Islam ausgeschlossen, denn, wahrhaftig, wenn wir so sehr imstande sind zu einem friedvollen Eins mit unseren eigenen Unreinheiten, warum da so heftig fremde Unreinheiten von uns weisen, in diesem Falle von hündischer Natur, und also weitaus unschuldiger als jene andere der Menschen, die so schlechten Gebrauch machen vom Namen Hund, ihn, sei es zu Recht oder zu Unrecht, ihren Gegnern ins Gesicht rufen, die Christen den Mauren, die Mauren den Christen, und sie alle den Juden. Reden wir nur von denen, die wir am besten kennen, von den da ankommenden portugiesischen Adligen, ihre ganze Sorge und Hingabe gilt ihren Doggen und sonstigen scharfen Hunden, in einem Maße, dass sie sich am liebsten mit ihnen betten möchten, so gern wie mit ihren Konkubinen, oder noch lieber, aber sieh an, für ihren ärgsten Feind haben sie kein übleres Schimpfwort bereit als eben Hund, und es scheint, keine Beleidigung trifft härter, als Sohn einer Hündin genannt zu werden, all das aus willfähriger Entscheidung der Menschen, sie zeugen die Wörter, den Tieren indes, den ärmsten, ist solcherlei Grammatik fremd, sie wohnen dem Streit bei, Hund du, sagt der Maure, Hund ei du, antwortet der Christ, und da bekriegen sie sich mit Lanze, Schwert und Degen, während die Köter einander versichern, Die Hunde, das sind wir, und es schert sie nicht.

Nun schon in Kenntnis über den einzuschlagenden Weg, erhebt sich Raimundo Silva, er klopft den Staub von der Hose und beginnt den Abstieg. Der Hund folgt ihm aber in gehörigem Abstand, alterfahren in Steinwürfen, schon wenn der Mensch sich bückt, vermeintlich nach einem Stein, erschrickt er. Am Fuße der Stiege angelangt, zögerte er, so als überlegte er, Folge ich ihm, folge ich ihm nicht, dann war es entschieden, er trottete dem Korrektor hinterdrein, der nun die Calçada do Correio Velho hinabschreitet. Hier, oder ein bisschen weiter in gerader Fortführung des Abschnittes von São Crispim, führte die Mauer, rechts, vermutet man, stracks hinunter bis zum berühmten Eisernen Tor, andere sagen Eisentor, von dem heute nicht Rest noch Spur mehr vorhanden sind, außer wir rissen dieses moderne Pflaster vom Largo de Santo António da Sé auf und grüben tief, dann vielleicht würden wir auf eine Grundmauer jener Zeit stoßen, auf irgendwelche Rostschuppen vormaliger Waffen, auf Grabgeruch, auf zwei ineinander versunkene Skelette von Kriegern, nicht von Liebenden, die im selben Augenblick Hund schrien und im selben Augenblick einander umbrachten. Autos fahren aufwärts und abwärts, in der Kurve bei der Magdalenenkirche kreischen Straßenbahnen, die der Linie achtundzwanzig, der von den Filmleuten so geschätzten, und weiter hinten, an der Kathedrale einbiegend, fährt noch ein Autobus voller Touristen, wohl Franzosen, die sich in Spanien wähnen. Der Hund zögert nun, die ihm nächste und vertraute Welt ist die der oben gelegenen Gassen, und obwohl er sieht, dass der Mann zurückschaut, indessen er die Rua da Padaria hinabschreitet, entlang dessen, was vor Jahrhunderten Mauerfläche gewesen sein mag, die bis zur Rua dos Bacalhoeiros ging, wagt er sich nicht weiter vor, vielleicht wächst die Angst nun ins Unermessliche, in Erinnerung an einstiges Erschrecken, verbrühte Katze scheut selbst das kalte Wasser, der Hund ebenso. Er macht kehrt, läuft den Weg zurück, hin zu den Escadinhas de São Crispim, den nächsten Menschen zu erwarten, der da kommen mag.

Der Korrektor schaut wieder in den Blättern nach, er tritt durch den Arco Escuro, um jene Treppe in Augenschein zu nehmen, die, laut Versicherung des Historikers, eine von jenen war, die Zugang hinauf zu den Zinnen der Ringmauer gaben, vielmehr, sie befindet sich vermutlich an der Stelle der ursprünglichen, die Stufen der jetzigen wurden bestenfalls von zwei oder drei Generationen genutzt. Raimundo Silva betrachtet in Muße die dunklen Fenster, die von Salpeter zerfressenen, grindigen Fassaden und die Vermerke auf den Wandfliesen, hier ein Fliesengemälde mit dem Datum siebzehnhundertvierundsechzig und einer heiligen Anna darauf, die ihrer Tochter Maria das Lesen beibringt, und in seitlichen Medaillons, als Gehilfen, der heilige Martial, der vor Feuersbrunst schützt, und der heilige Antonius von Padua, der zerbrochene Krüge wieder ganz macht und abhanden gekommene Gegenstände zum Vorschein bringt. Der Vermerk dient, da echte Beurkundung fehlt, als annähernder Beleg, sofern das aufgeführte Datum, sehr zu vermuten, das Jahr angibt, in dem dieses Gebäude errichtet wurde, und das war neun Jahre nach dem Erdbeben. Der Korrektor hatte sein Kapital an Kenntnissen geschätzt, und er findet es nun desto reicher, weshalb er, in die Rua dos Bacalhoeiros zurückkehrend, verächtlich herabschauen wird auf die Passanten und Ignoranten, die keine Ahnung haben von diesen Sehenswürdigkeiten der Stadt und des Lebens, ja außerstande sind, zwei einhellige Tatsachen einander nahezubringen. Kurz darauf aber, zum Arco das Portas do Mar gelangt und im Gefühl, dass dieser Name architektonisch eine andere Übersetzung verdiente, nicht ein Schild nach prosaischer Zollbeamtenart, in diesem Augenblick, sinnierend über die Abweichungen zwischen Wort und Bedeutetem, unterzog er sich selbst der Betrachtung, mit gestrengem Urteil, Was befugt denn mich, über die anderen zu richten, seit meiner Geburt lebe ich in Lissabon und hatte dennoch nie den Gedanken, mir mit eigenen Augen Dinge anzuschauen, von denen in Büchern geschrieben steht, Dinge, die ich bisweilen sah und wieder sah, aber nicht wahrnahm, fast so blind wie der Muezzin, und wäre nicht die Bedrohung durch Costa, ich hätte wahrscheinlich nie den Entschluss gefasst, mir den Verlauf der Ringmauer in Natur anzuschauen und die Tore, dies hier, vermute ich, ist schon ein Teilstück der fernandinischen Mauer, wenn erst ans Ende meines Spaziergangs gelangt, werde ich freilich mehr wissen, doch ebenso gewiss ist, dass ich dann weniger weiß, gerade weil ich mehr weiß, anders gesagt, mal sehen, ob ich mich erklären kann, das Bewusstsein, mehr zu wissen, macht mir bewusst, dass ich wenig weiß, im Übrigen drängt es einen, zu fragen, was heißt denn wissen, recht hatte der Historiker, ich neige eher zum Philosophen, zu den echten, die sich, einen Totenschädel in der Hand, ihr Leben lang befragen, welche Bedeutung ein Totenschädel im Weltgefüge hat und ob Grund gegeben ist, dass sich das Universum mit diesem Totenschädel befasst oder einer sich Gedanken macht über Universum und Totenkopf, und nun, meine Damen und Herren, Touristen, Reisende oder schlichte Kunstinteressierte, sind wir, so sagt der unentbehrliche Führer, sind wir zum Arco da

Conceição gelangt, wo sich der Chafariz da Preguiça, der berühmte Springbrunnen des Müßiggangs, befindet, von köstlichstem Wasser, das vielen Menschen den Durst und den Hunger nach Arbeit stillte, bis auf den heutigen Tag. Raimundo Silva spürt keine Eile. Gewissenhaft ernst studiert er den Marschweg, zu seinem Bedarf macht er sich minuziöse gedankliche Notizen, gewissermaßen zusätzliche, die Beleg sind für seine eigene Gegenwärtigkeit, da in der Calçada do Correio Velho ein düsteres Bestattungsinstitut, am blauen Himmel schaumige Weiße, von einem Düsenflugzeug, vergleichbar dem langen Kielschweif eines Schnellbootes auf dem Blau des Meeres, die Pension Casa Oliveira, gepflegte Zimmer in der Rua da Padaria, das Restaurant Nimm einen Imbiss Zahl und Geh, gleich neben den Portas do Mar, das Bierlokal Arco da Conceição, neben dem Bogen selbigen Namens, der aufragende Wappenstein der Mascarenhas an der Ecke eines Gebäudes am Arco de Jesus, wo sich ein Tor in der musulmanischen Ringmauer befunden haben mag, die Mauerinschrift belegt es feierlich, das neuklassische Portal des Palastes der Grafen Coculim, die zum Geschlecht der Mascarenhas gehörten, Eisenwarenhandlung, dahin führten Pracht und Herrlichkeit, eine Welt von flüchtigen, vergänglichen Dingen, und das freilich sind sie allesamt, ausnahmslos, denn schon hat sich die Spur des Flugzeugs in nichts aufgelöst, und vom Rest wird die Zeit zu ihrer Zeit Kunde geben, man habe nur Geduld zu warten. Der Korrektor betrat das Alfama-Viertel durch den Arco do Chafariz d'El-Rei, dort wird er zu Mittag essen, in einer Wirtschaft der Rua de São João da Praça, zum Turm des heiligen Peter hin gelegen, ein herzhaft portugiesisches Mahl soll es sein, aus gebratenen Stichlingen, mit Tomatenreis, und, großes Glück hatte er hier, eine Augenweide auf dem Teller die hauchzarten Blätter vom Innern eines Salatkopfs, in denen sich, und das ist wahrlich nicht jedermann bekannt, die unvergleichliche Frische des neuen Tags sammelt, der morgendliche Reif, der Tau, was alles eins ist, hier aber wiederholt wurde,

weil schon das Niederschreiben der Wörter Wonne be-
reitet, und das Hersagen erst recht ein Genuss ist. Am
Eingang der Wirtschaft stand ein Zigeunermädchen von
etwa zwölf Jahren, mit vorgereckter Hand harrend, wort-
los, starrte den Korrektor lediglich an, und dieser, seinen
Gedanken nachhängend, sah statt der Zigeunerin eine
Maurin, in der Stunde anfänglicher Not, als es noch jemanden gab, den man bitten konnte, und Hunde, Katzen
und Ratten sich ihres Lebens sicher wähnten, bis zu ihrem natürlichen Ende, durch Krankheit oder Kampf der
Arten, nun, der Fortschritt ist eine Tatsache, heute jagt
in Lissabon niemand mehr diese Tierchen zum Verzehr.
Doch die Belagerung dauert fort, sagen die Augen der
Zigeunerin.

Raimundo Silva wird das ferner noch zu Besichtigende
bedächtiger abschreiten, ein weiteres Stück Mauer im Pátio do Senhor da Murça, die Rua da Adiça, wo die Mauer
hangauf strebt, dann die Norberto de Araújo, in jüngerer
Zeit so benannt, oben ein gewaltiges Mauerstück, zerfres-
sen am Fuße, diese Steine sind wahrhaft lebende Zeugen,
zugegen seit neun oder zehn Jahrhunderten, wenn nicht
länger, seit Barbarenzeit, und sie halten stand, tragen
unbekümmert den Glockenturm der Kirche von Santa Luzia oder von São Brás, bleibt sich gleich, an dieser
Stelle, ladies and gentlemen, befanden sich vormals die
Portas do Sol, dem Sonnenaufgang zugewandt, sie emp-
fingen als Erste den rosigen Hauch des dämmernden
Morgens, davon ist heute nur noch der Platz gleichen
Namens übrig, und geblieben auch die besonderen Ef-
fekte der Morgendämmerung, ein Jahrtausend ist für die
Sonne nicht mehr als uns ein kurzer Seufzer, sic transit,
das ist klar. Die Mauer setzte sich nach dieser Seite hin
fort, in stumpfem, sehr weitem Winkel, gradzu auf die
Burgmauer, so schloss sich die Ummantelung der Stadt,
vom Wassersaum unten bis zu den Verbindungsstellen an
der inneren, kleinen Burg, hohes Haupt und robuste Ein-
fügungen, geschwungene Arme, fest ineinander gelegte
Finger, als hielte eine Schwangere ihren fülligen Bauch

umfangen. Der Korrektor, müde, steigt die Rua dos Cegos hinan, tritt in den Pátio de Dom Fradique, die Zeit öffnet sich in zwei Äste, um diese auf Felsen gewachsene Siedlung nicht zu berühren, so ist das recht eigentlich seit den Goten, oder Römern, oder Phöniziern, später folgten die Mauren, dann die Altvorderen der Portugiesen, dann deren Söhne und Enkel, also wir, und die Macht und der Ruhm, und an Niedergang der erste, zweite und dritte, ein jeglicher noch unterteilt in Arten und Unterarten. Nachts, in diesem Raum zwischen den niederen Häusern, einen sich die drei Gespenster, die des Gewesen, des Hättseinsollen und des Hättgewesenseinkönnen, sie reden nicht, sie schauen einander an wie Blinde und schweigen.

Raimundo setzt sich auf eine steinerne Bank, da im kalten Schatten des Nachmittags, befragt ein letztes Mal die Papiere und stellt fest, dass es weiter nichts zu besichtigen gibt, die Burg an sich kennt er hinlänglich gut, kann sie sich heute ersparen, auch wenn dies der Tag der Bestandsaufnahme ist. Der Himmel nimmt nun Weiße an, vielleicht Vorankündigung des vom Wetterbericht versprochenen Nebels, die Temperatur fällt rasch. Der Korrektor tritt aus dem Hof in die Rua do Chão da Feira, da vorn das Tor des heiligen Georg, selbst von hier aus sieht man Leute den Heiligen fotografieren, immer noch. Keine fünfzig Meter entfernt, allerdings dem Auge verborgen, befindet sich sein Haus, und über diesem Gedanken wird ihm zum ersten Mal hell augenscheinlich bewusst, dass er genau am Fleck des einstigen Alfofa-Tors wohnt, ob innen oder außen, das ist heute nicht mehr feststellbar, anderenfalls wir schon hier erführen, ob Raimundo Silva ein Belagerter oder ein Belagerer ist, ob künftiger Sieger oder unrettbar ein Verlierer.

Unter der Tür fand er kein erzürntes Schreiben von Costa. Es kam die Dunkelheit, das Telefon klingelte nicht. Raimundo Silva verbrachte den Abend mit geruhsamem Suchen in den Regalen, nach Büchern, die ihm vom maurischen Lissabon erzählen könnten. Zu später Stunde trat er in den Erker, schaute nach dem Wetter. Nebel, aber nicht so dicht wie am Abend zuvor. Er hörte zwei Hunde bellen, und dies heiterte ihn noch mehr auf, unerklärlicherweise. Im Abstand von fünf Jahrhunderten bellten die Hunde, die Welt also unverändert. Er begab sich zu Bett. Tüchtig ermüdet vom Tagwerk, schlief er fest, doch wachte er etliche Male auf, sooft er von einem innen leeren Mauerrund träumte, das einem Sack mit schmaler Öffnung ähnelte, und sich verbreiterndem Bauch bis hinab ans Ufer des Flusses, und ringsum baumbestandene Hügel, Buschwerk und Täler, Bäche, Weiler, Gärten, Olivenhaine, ein breiter Wasserfortsatz, der landeinwärts führt, das Haff. Im Hintergrund, klar unterschieden, die Amoreiras-Türme.

Seit Monaten hat Raimundo Silva die Burg nicht mehr aufgesucht, doch nun strebt er hin, gerade eben hat er sich entschieden, meint er doch, dass er, letztlich, deshalb aus dem Haus gegangen ist, der Gedanke ihm sonst nicht so zwanglos natürlich gekommen wäre, denn beachten wir dies, in ihm war ein Gefühl von Widerwillen aufgeflammt, eine unüberwindbare Abscheu gegen die Erfordernis, die Küche zu betreten, er hatte sich damit nur besser hinters Licht führen wollen, in der Befürchtung, er würde auf den Vorschlag, Gehen wir hinauf zur Burg, abwehrend entgegnen, Wozu, und eben das wusste sein Geist nicht oder konnte er sich nicht eingestehen. Der Wind bläst in heftigen Böen, des Korrektors Haare fliegen durcheinander, die Schöße des Überziehers klatschen wie nasse Laken. Ein Unsinn, die Burg bei diesem Wetter aufzusuchen, die ungeschützten Türme besteigen, er könnte von einer dieser geländerlosen Treppen stürzen, der Vorteil ist, er begegnet keinem Menschen, kann den Ort unbeobachtet genießen, mit Blick auf die Stadt, Raimundo Silva möchte die Stadt in Augenschein nehmen, weiß aber noch nicht zu welchem Zweck. Die große Esplanade verwaist, der Boden von Pfützen bedeckt, die der Wind mit winzigen Wellen überzieht, und die Bäume, sturmgepeitscht, ächzen, es ist fast ein Zyklon, gestattet sei solche Übertreibung im Falle einer Stadt, die im Jahre neunzehnhunderteinundvierzig die bescheidenen Auswirkungen eines Taifunablegers erlitt, aber noch heute darüber spricht und die Schäden beklagt, so wie sie noch in hundert Jahren klagen wird, dass ihr der Chiado abgebrannt ist. Raimundo Silva tritt an eine Mauerbrüstung, schaut in die Tiefe und in die Weite, da sind die Dächer, ragen Fassaden und Giebel hervor, zur Linken der Fluss, vom Lehm schmutzig, dort der Triumphbogen der Rua Augusta, das Gewirr der schachbrettartig angelegten Straßen, dieser oder jener Zipfel eines Platzes, die Ruinen des Carmo-Klosters und die anderen, vom Brand übriggebliebenen. Er hält sich hier nicht lange auf, und nicht weil der Wind ihn vielleicht zu sehr belästigt, dumpf spürt er, dass dieser so ungewöhnliche Spaziergang einen Zweck erfüllt, er ist nicht hergekommen, die Amoreiras-Türme zu betrachten, es war schon Albtraum genug, dass sie ihm im Traum erschienen. Er betrat die Burg, jedesmal überraschen ihn deren so geringe Ausmaße, es wirkt wie Spielzeug, eine Art Lego oder Meccano. Die hohen Mauern mindern die Wucht des Sturms, zerteilen ihn in vielfache und gegensätzliche Strömungen, die zwischen die Bögen und in die Gänge hineintauchen. Raimundo Silva kennt die Wege, wird zu der nach São Vicente hin befindlichen Mauer gehen und von da das Gelände in Augenschein nehmen. Dort der Graça-Berg, mit dem höchsten Turm gegenüber, und die Senke nach Campo de Santa Clara hin, jener Flur, auf der Dom Afonso Henriques mit seinen Soldaten das Lager aufschlug, den unseren, den ersten Vätern der Nation, denn deren Vorfahren, zu früh geboren, hatten Portugiesen nicht sein können. Das ist in der Genealogie ein Punkt, der gemeinhin Vernachlässigung erfährt, nämlich herauszufinden, was, ohne selbst Bedeutung zu haben, Leben, Ort und Gelegenheit gab dem Bedeutungsvollen, das eben wurde, was wir bedeutend nennen.

Nicht dort fand die Begegnung der Kreuzfahrer mit dem König statt, das mag da unten gewesen sein, auf der

anderen Seite des Haffs, doch nicht dies sucht Raimundo Silva, sondern, sofern der Ausdruck einen Sinn hat,
ein Gefühl visueller Berührbarkeit, etwas von ihm recht
eigentlich nicht Definierbares, etwa dass jetzt eben aus
ihm ein maurischer Soldat geworden wäre, der nun die
Gestalten der Feinde und die blinkenden Schilde sieht,
und für diesen Fall, auf verborgenem geistigem Pfad,
höchst augenscheinlich, jenen Fakt zu erfahren hofft, der
in dem Bericht fehlt, will heißen den unbezweifelbaren
Grund dafür, warum die Kreuzritter nach seinem ent-
scheidenden Nicht abgezogen sind. Der Wind stößt und
zerrt an Raimundo Silva, zwingt ihn, sich an der Mauer-
krönung festzuhalten, um das Gleichgewicht zu wahren.
Einen Augenblick lang kommt sich der Korrektor sehr
lächerlich vor, ihm ist bewusst, was er da für eine sze-
nische, besser gesagt kinematographische Figur abgibt,
der Überzieher ist ein mittelalterlicher Umhang, die flat-
ternden Haare ein Federbusch, und der Wind ist nicht
Wind, sondern von einer Maschine erzeugter Luftstrom.
Und eben in diesem Moment, da ihn die Selbstironie
in gewisser Weise mit Grimm und Unschuld erfüllte,
tauchte in seinem Geiste klar und ebenfalls ironisch das
nun endlich so dringend gesuchte Motiv für das Nicht
auf, die letzte und unabweisliche Rechtfertigung für sein
Attentat auf die historischen Wahrheiten. Nun weiß Raimundo Silva, warum die Kreuzfahrer es ablehnten, den
Portugiesen bei der Belagerung und Einnahme der Stadt
zu helfen, und er wird nach Hause zurückkehren, um die
Geschichte der Belagerung von Lissabon zu schreiben.

Walter Benjamin
Erdbeben in Lissabon

Wenn Sie vom Erdbeben von Lissabon erzählen wollen, na, dann fangen Sie doch an, wie es anfing. Und dann erzählen Sie weiter; was passiert ist. Aber wenn ich's so machte, ich glaube nicht, dass euch das Spaß machen würde. Ein Haus nach dem andern stürzt ein, eine Familie nach der andern kommt um; die Schrecken des um sich greifenden Feuers und die Schrecken des Wassers, die Dunkelheit und die Plünderungen und der Jammer der Verwundeten und die Klagen derer, die auf der Suche nach ihren Angehörigen sind – das zu hören und nichts als das würde niemandem lieb sein, und gerade das sind ja auch die Dinge, die bei jeder großen Naturkatastrophe mehr oder weniger dieselben sind.

Das Erdbeben aber, das Lissabon am 1. November 1755 vernichtet hat, war nicht nur ein Unheil wie tausend andere, sondern in vielem einzigartig und merkwürdig. Und von dem, worin es das war, will ich euch erzählen. Erstens einmal ist es allerdings eines der größten und vernichtendsten gewesen, die jemals stattfanden. Aber nicht nur darum hat es, wie wenige Dinge, in jenem Jahrhundert die ganze Welt erregt und beschäftigt. Die Zerstörung von Lissabon, das war damals so, als würde man heute sagen, die Zerstörung von Chicago oder von London. Um die Mitte des 18. Jahrhunderts stand Portugal noch auf der Höhe seiner gewaltigen Kolonialmacht. Lissabon war eine der reichsten Handelsstädte der Erde; sein Hafen an der Mündung des Tejo war jahraus, jahrein voller Schiffe und eingesäumt von den gewaltigen Handelshäusern der englischen, französischen, deutschen, vor allem der Hamburger Kaufleute. 30 000 Häuser zählte die Stadt und weit über 250 000 Einwohner, von denen ungefähr der vierte Teil bei diesem Erdbeben umkam. Der Hof des Königs war berühmt durch seine Strenge und seinen Glanz, und in den vielen Beschreibungen, die in den Jahren vor dem Erdbeben von der Stadt Lissabon erschienen sind, kann man die seltsamsten Dinge von der steifen Feierlichkeit lesen, mit der an den Sommerabenden auf dem Hauptplatze der Stadt, dem Rossio, die Höflinge und ihre Familien in ihren Karossen sich ein Stelldichein gaben und, ohne aus ihren Wagen zu steigen, ein Weilchen miteinander plauderten. Vom König von Portugal nun gar hatte man eine so erhabene Vorstellung, dass eines der vielen Flugblätter, welche genaue Beschreibungen des Unglücks in ganz Europa verbreiteten, sich gar nicht darüber fassen kann, dass ein so großer König davon mitbetroffen wurde. »Doch wie das Unglück«, so schreibt dieser seltsame Zeitungsmann, »erst dann in seiner Größe erscheint, wenn es überstanden ist, so kann ein jeder die kläglichste Vorstellung von diesem erschrecklichen Fall sich am besten machen, wenn er die Umstände bedenkt, dass ein großer König mit seiner Gemahlin von allen Menschen verlassen in einer Karosse einen ganzen Tag im erbärmlichsten Zustande zugebracht.« Die Flugblätter, in denen man dergleichen liest, vertraten damals die Stelle der Zeitungen. Von Augenzeugen verschaffte sich, wer es konnte, möglichst vollständige Berichte, die er dann drucken ließ und verkaufte. Und aus einem solchen Bericht, wie er auf Grund der Erlebnisse eines in Lissabon ansässigen Engländers damals entstand, will ich euch nachher auch etwas vorlesen.

Dass aber dies Ereignis die Leute so ungeheuer bewegte, zahllose Flugblätter darüber von Hand zu Hand gingen, ja noch fast hundert Jahre später neue Berichte davon erschienen, das hat nun noch einen besonderen Grund. Dieses Erdbeben nämlich war seiner Auswirkung nach das umfassendste, von welchem man je gehört hat. Über ganz Europa bis nach Afrika hin verspürte man es, und man hat berechnet, dass es mit seinen entferntesten Ausläufern die ungeheure Fläche von zweieinhalb Millionen Quadratkilometern erfasst hat. Die stärksten Erschütterungen reichten bis zu den Küsten Marokkos einerseits, bis zu den Küsten Andalusiens und Frankreichs andererseits. Die Städte Cádiz, Jerez und Algeciras wurden fast vollkommen vernichtet. In Sevilla zitterten die Türme der Kathedrale nach einem Augenzeugen wie Schilfrohr im Winde. Die gewaltigsten Erschütterungen jedoch pflanzten sich durch das Meer fort. Von Finnland bis Holländisch-Indien spürte man die gewaltige Wasserbewegung und hat berechnet, dass die Erschütterung des Ozeans von der portugiesischen Küste bis an die Elbmündung sich mit ungeheurer Schnelligkeit, nämlich einer Viertelstunde, fortpflanzte. Soviel von dem, was gleichzeitig mit dem Unheil verspürt wurde. Mehr noch als dies aber hat die Phantasie der damaligen Menschen beschäftigt, was in den Wochen vorher an seltsamen Naturereignissen beobachtet wurde, die man dann nachträglich, und wohl nicht immer mit Unrecht, als Vorzeichen des künftigen Unheils ansah. So brachen zwei Wochen vor dem Unglückstage auf einmal in Locarno, in der Südschweiz, Dämpfe aus der Erde, die in zwei Stunden sich in einen roten Nebel verwandelt hatten, der gegen Abend als ein purpurner Regen niederfiel. Von der Zeit an will man fürchterliche Orkane, verbunden mit Wolkenbrüchen und Überschwemmungen, in Westeuropa beobachtet haben. Acht Tage vor der Erschütterung war die Erde bei Cádiz mit einer Menge ausgekrochenen Gewürms bedeckt.

Desto schlimmer, wenn plötzlich aus heiterm Himmel dieses Beben verspürbar wird. Aus heiterm Himmel – das ist ganz wörtlich zu nehmen. »Denn«, so schreibt unser Engländer, der nun endlich zu Wort kommt, »die Sonne schien in ihrem Glanze. Der Himmel war völlig rein und klar, und nicht das geringste Anzeichen von irgendeinem Naturereignisse zu spüren, als zwischen neun und zehn Uhr morgens, da ich am Schreibtisch saß, mein Tisch eine Bewegung erlitt, die mich, da ich gar keine Ursache erkannte, ziemlich überraschte. Indem ich eben noch über die Ursache nachdachte, erzitterte das Haus von oben bis unten. Unter der Erde erbebte ein Donner, als ob ein Gewitter in großer Ferne sich entlade. Jetzt legte ich aber doch schnell die Feder weg und sprang auf. Die Gefahr war groß, doch Hoffnung blieb, dass die Sache ohne Schaden ablaufen werde; allein der nächste Augenblick machte dem Zweifel ein Ende. Es ließ sich ein furchtbares Geprassel hören, als ob alle Gebäude in der Stadt zusammenstürzten. Auch mein Haus wurde so erschüttert, dass die oberen Stockwerke auf der Stelle einstürzten, und die Zimmer, in denen ich wohnte, schwankten so, dass alles Gerät über den Haufen fiel. Jeden Augenblick erwartete ich, erschlagen zu werden, denn die Mauern barsten und aus den Fugen stürzten große Steine heraus, während die Dachbalken überall fast schon in der freien Luft schwebten. In dieser Zeit aber verfinsterte sich der Himmel so, dass man keinen Gegenstand mehr erkennen konnte. Es trat eine ägyptische Finsternis ein, entweder als Folge des unermesslichen Staubes, den die einstürzenden Häuser verursachten, oder weil sich eine Menge schwefliger Dünste aus der Erde entwickelten. Endlich erhellte sich die Nacht wieder, die Gewalt der Stöße ließ nach; ich bekam einige Fassung und blickte umher. Mir wurde klar, dass ich bis dahin mein Leben einem kleinen Zufall verdankte; wäre ich nämlich angekleidet gewesen, so hätte ich mich sicher sofort auf die Straße geflüchtet und wäre von den zusammenstürzenden Gebäuden erschlagen worden. Ich warf mich geschwind in Schuhe und Rock und stürzte nun auf die Straße, nach dem St.-Pauls-Kirchhof zu, auf dessen Höhe ich am sichersten zu sein glaubte. Niemand war imstande, die Straße, wo er wohnte, noch zu erkennen, viele wussten gar keine Antwort zu geben, wie ihnen geschehen wäre, alles war zerstreut und keines wusste, wo das Seinige oder die Seinigen hingekommen waren. Auf der Höhe des Kirchhofs war ich nun Zeuge eines schrecklichen Schauspiels: so weit das Auge ins Meer hin schweifen konnte, wogten eine Menge Schiffe und stießen miteinander zusammen, als ob der heftigste Sturm wüte. Mit einem Mal versank der mächtige Kai am Ufer und alle Menschen, die sich auf ihm in Sicherheit glaubten. Die Boote und die Fahrzeuge, auf denen so viele Rettung suchten, wurden zu gleicher Zeit eine Beute des Meeres.« Es war, wie man aus anderen Berichten weiß, ungefähr eine Stunde nach dem zweiten und verheerendsten Erdstoße, dass jene ungeheure Wasserwoge von zwanzig Metern Höhe, die der Engländer von fern sah, auf die Stadt einstürzte. Als die Flutwelle zurücklief, erschien das Bett des Tejo plötzlich ganz trocken; ihr Rückstoß war so gewaltig, dass sie das ganze Wasser vom Flusse mitriss. »Als der Abend«, so schließt der Engländer, »sich auf die verödete Stadt niedersenkte, schien sie ganz ein Feuermeer zu werden: Es war so hell, dass man einen Brief lesen konnte. An hundert Orten mindestens stiegen die Flammen empor und wüteten sechs Tage lang. Was das Erdbeben verschont hatte, verzehrten sie. Versteinert von Schmerz starrten Tausende nach ihnen hin, indessen Weiber und Kinder alle Heiligen und Engel um Hilfe anflehten. Die Erde bebte zugleich immerfort, mehr oder weniger, oft eine Viertelstunde ununterbrochen.«

Als hätte er eine plötzliche Eingebung gehabt, führte er mich zur Mitte der Praça da Figueira und blieb neben dem Denkmal stehen.

»Heute werden wir von unserem Weg abweichen. Aber zuerst gehen wir auf eine Ginja zum Rossio.«

Dort angekommen, betraten wir die Tendinha. Er trank hintereinander zwei Gläser Sauerkirschlikör. Dann spazierte er mit mir die Rua Augusta hinunter zum Terreiro do Paço.

»Ich hoffe, ich kann dich so beeindrucken, meine Liebe, dass deine Skrupel endgültig beseitigt sind. Erinnere mich danach daran, dir von den Casinos der Baixa zu erzählen«, sagte er und ging bei jedem Wort schneller, während ich ihm durch die verlassene Fußgängerzone folgte.

»Casinos?«

»Ja, eines war über dem Schankraum. Ein sehr gutes Casino und natürlich illegal, dort habe ich riesige Summen gewonnen und verloren.«

»Welcher Schankraum?«

»Die Velha Tendinha, welche denn sonst? Die am Rossio, falls du es immer noch nicht begriffen hast. Die aus Hermínias Fado. Das andere Casino war an der Praça da Figueira. Das war schicker, dort gab es verschiedene Spiele. Verdammt, nichts weißt du, nichts kennst du, du hast noch nichts vom Leben gesehen. Was für eine Verschwendung!«

»Welches Leben?«

»Das ist ja gerade der springende Punkt. In dieser Hinsicht gehen unsere Vorstellungen auseinander«, sagte er und blieb stehen. Wir waren fast am Arco da Rua Augusta angelangt.

»Wir sind nun zwischen Silber und Gold. Hast du schon mal darüber nachgedacht?«

»Worüber?«

»Über die Straßen deiner Stadt. Im konkreten Fall die Straßen der Baixa, die nach dem Erdbeben angelegt wurden: sieben Straßen quer und sieben Straßen längs, die zu drei Plätzen führen. Das ergibt siebzehn, die arkanische Zahl für den Stern von Bethlehem.«

»Das ist ja lustig«, sagte ich.

»Lustig?«, brummte er. »Hat dir dein Vater, der so gebildet war, nie etwas über die Symbolik dieses Teils der Stadt beigebracht? Und dein Mann, dieser Bauhai von einem Architekten, hat er denn die Geheimnisse von Lissabon nicht durchdrungen, hat er sie dir nie gezeigt? Die Rua Augusta verläuft zwischen der Rua do Ouro und der Rua da Prata, zwischen Gold und Silber also. Das ist grundlegend. Überall gibt es Bezüge zur Alchimie. Und zur Freimaurerei, was in vielen Fällen das Gleiche ist.«

Wir befanden uns nun unter dem Triumphbogen in der Rua Augusta, er blieb stehen und legte einen Finger an seine Lippen.

»Hörst du den Fluss unter uns?«, fragte er.

»Nein, ich höre den Fluss vor uns.«

Er deutete auf eine Holztür mit Eisengitter, die offenbar seit Jahrzehnten nicht mehr benutzt worden war. Es war eine kleine, fast versteckte Tür. Ich spähte durchs Gitter, und er zündete ein Feuerzeug an, damit ich besser sehen konnte. Man sah so gut wie nichts, aber man konnte erkennen, dass die Tür in einen Raum voller Schutt führte, in einer Säule des wundervollen Ensembles pombalinischer Bauten.

»Das ist einer der Eingänge. Sieh dir das Schloss an. Schau genau hin. Es ist nicht verrostet. Nach der Biegung kommen ein paar Treppen, aber die sieht man von hier aus nicht, klar, und am Fuß der Treppe gibt es eine Steinplatte, eine Falltür. Sie führt in den Untergrund von Lissabon. Jetzt komm hierher und sieh dir das da oben an. Es ist das Andreaskreuz mit der Rosette in der Mitte.«

Zerstreut schaute ich zur Tür. Dann wich ich zurück und hob den Blick, aber zu dieser Stunde sah man nichts von irgendeinem Kreuz.

Er führte mich mitten auf den Platz, zwei einsame Gestalten, eine jede ging für sich allein. Er steigerte sich immer mehr hinein. Die Mondsichel zog ihre Bahn am Himmel, der gesprenkelt war mit weit entfernten Sternen, und er schrie in alle vier Himmelsrichtungen:

»Liebste, das ist der Platz des Großen Werkes. Wir sind im Malkut, im Himmelreich.«

Er breitete die Arme aus und fing an zu tanzen, drehte sich mit mir in einer Art Veitstanz, während er in einem Redeschwall aus Zahlen und Symbolen den Grundriss des Terreiro do Paço und die Bedeutung der Figuren an der Statue Dom Josés I. beschrieb, er brachte sie in Beziehung zu Tarotkarten und alchimistischen Formeln, freimaurerischen Allegorien und Geheimgängen unter unseren Füßen, die uns ins Paradies oder in die Hölle führen konnten. Und, noch immer tanzend, schleuderte er mir abstruse Informationen über Geheimtüren, über Falltüren unter Denkmälern, über Schätze des Templerordens hin, alles vermischt mit Hinweisen auf die Serra de Sintra, die Serra da Arrábida, die sieben Hügel Lissabons und die Keller seiner Paläste, Kirchen und Klöster, mündend in Tunneln, deren Anlage nie, gar nie enthüllt wurde oder je enthüllt werden wird.

Die Hörner der Cacilhas-Boote auf dem Tejo stießen Klagen in die dunkle Nacht hinaus. Es war fast zehn Uhr. Nun war mir kalt. Eine Kälte, die mich übermannte.

»Nichts ist je, was es scheint. Wir gehen, ohne hinzublicken, und wir blicken hin, ohne zu sehen. Doch *Das Buch* wurde Seite für Seite in die Statuen und Obelisken am Rossio, am Restauradores-Platz, am Terreiro do Paço eingeschrieben. Ins Portal der Igreja da Conceição. In die Ruinen des Carmo-Klosters. In die Kirche São Roque. In das Restaurant Abadia im Souterrain des Palácio Foz, das es inzwischen nicht mehr gibt. In die Cervejaria Trindade«, sagte er und wirbelte weiter mit mir im Kreis herum.

»Hör auf, Jorge, mir wird ganz schwindlig. Welches Buch?«, fragte ich. Ich konnte jetzt einen Kaffee vertragen. Einen sehr starken.

»Dreh dich um und zähle, Liebste – die Anzahl der Säulen, Bögen, Straßen, Plätze. Überzeuge dich von ihrer exakten Geometrie. Rufe dir ihre Namen in Erinnerung. Vom Terreiro do Paço zum Castelo. Vom Rossio zum Chiado. Von Ost nach West. Hast du dir nie überlegt, warum Lissabon auf diese Weise aufgeteilt ist? Die Seiten *Des Buches* sind aufgeschlagen«, sagte er, noch immer mit mir tanzend.

Das Pfeifen einer Flöte durchdrang die kalte Nachtluft, eine Melodie, die von einer Conga synkopiert wurde. Die Klänge kamen von den Arkaden, aus der Nähe des alten Cafés Martinho da Arcada, das zu dieser Stunde geschlossen war.

»Wie aufgeteilt? Buch – welches Buch?«, fragte ich.

»Lissabon ist aufgeteilt in Ost und West, wie man an den Straßen der Baixa sehen kann. Sieben Hügel, meine Liebe. Licht, Schatten und Feuer. Und das Buch ist *Das Buch des Fünften Imperiums,* verdammt!«

José Cardoso Pires
Literatur unter der Erde

Genau. Eine Stadt, die sich vervielfacht, indem sie sich spiegelt. Ich verlasse die schwarzweiße Geometrie, mit der João Abel Manta das Pflaster des Restauradores-Platzes bedeckt hat, und wenn ich zur U-Bahn hinuntersteige, gehe ich an einer anderen Geometrie entlang, die die ganze Länge der Gänge überziehenden Azulejos von Maria Keil.

Ich fahre mit einem Zug, der an Kunststationen hält, sagt mir mein Blick. Haltestelle Avenida: die Geometrie oder, besser gesagt, die zur Geometrie erwählte Farbe auf einem Wandbild von Rogério Ribeiro, streng geordnet wie ein ungestümes Puzzle; dann, bei der Station Rotunda do Marquês, die Wände und Treppen entlang die immer wieder heruntergebetete Reihe der Tragödien und glorreichen Momente des Wiedererbauers der Stadt auf einem Comic von Menez (Geschichte, die auf öffentlichen Mauern deklamiert wird wie auf den revolutionären Graffiti); und ebenfalls dort, ungewöhnlich im Hin und Her der Fahrgäste, ist der große Herr von Pombal höchstpersönlich auf einer Skulptur von Cutileiro anwesend als Kontrapunkt zur Statue über ihm, in der Sonne und den Wolken. Der Held in zwei Räumen und zwei Versionen; einer monumentalen und pompösen auf dem Platz; und hier, unter der Erde, als gesichtsloser Diplomat.

In der Station Sete Rios unter dem zoologischen Garten eröffnet sich ein geradezu fabelhafter Zoo: Wirklich, er gleicht einer Galerie von Skizzen aus der Natur, die ein gerührter Reisender (Júlio Resende) im Urwald der Unschuld angefertigt hat, und erinnert mich an einen Besuch bei den Fabeltieren, Federn, Farben und Überraschungen eines Kinderfestes, das dort oben stattfindet. Ich fahre durch diese Gänge, fahre noch weiter, und kurz darauf fühle ich mich wieder im Dunkeln, im Nichts.

Bei der nächsten Station werde ich Sá Nogueira treffen, der fröhlich mit saftigen Orangen spielt wie mit den Früchten des Paradieses. Ich fahre weiter (mit einer anderen Linie) und gelange auf das Territorium von Vieira da Silva, das ist nicht zu leugnen. Ich weiß, dass sie dort oben in der Eingangshalle als Signatur ein Selbstbildnis in der Maske eines Käuzchens hinterlassen hat, doch auch wer auf dem Bahnsteig aussteigt, kann die Handschrift der Malerin in den Wandbildern vor sich erkennen. Auf einem eine Schar gespenstischer Personen, über denen umherirrende Buchstaben fliegen. Verfolgte Intellektuelle, hat sie selbst gesagt: Sie blicken kalt, starr, wie vom Schicksal vertikal entzweigeschnitten. Ganz diskret, fast vergessen, eine alte Schreibmaschine, über deren Tasten eine abgehackte Hand schwebt.

Dieses fernab (sozusagen in einem Abseits) gelegene Werk, das zugleich Reliquie ist, hat für mich eine Bedeutung. Aber es könnte auch das Exlibris eines unterirdischen Zuges sein, der zwischen einem Zitat von Cesário und einem Bildnis von Camões die Literatur eines Landes durchquert.

Wenn ich doch niemals stürbe! Und ewig
die Vollkommenheit der Dinge suchte und erreichte!,

sagt auf irgendeinem Bahnsteig der junge Dichter der *Sentimentos dum Ocidental,* und obwohl diese einfach so herausgegriffenen Verse vielleicht nicht die gelungensten sind, lesen wir sie als einen Leitspruch für diese Reise durch die Kehrseite der Stadt, durch die Orte, in denen die Bevölkerung das Licht wechselt und sich einsamer zeigt. »Die Vollkommenheit der Dinge suchen« ist eine Botschaft für den, der abfährt, ein Eingeständnis der Leidenschaft, etwas zu erschaffen (und zu kommunizieren), die wir im gestalterischen Engagement der einzelnen Kapitel wiedererkennen (oder auch nicht), die die Untergrundbahn Linie für Linie, Stunde um Stunde mitteilt, um die Welt des Reisenden zu erweitern.

Im Gegensatz zu Cesário wird Camões erneut auftauchen, doch diesmal deutlich und in seinem ganzen Wesen, in bodenständiger Größe. Und zwar in der Station Alto dos Moinhos, gemalt von Júlio Pomar, und bei diesem Treffen unter der Erde ist mir so, als nähme ich hinter dem Dichter Echos, Harmonien wahr. Wenn ich sie höre, dann kommen sie gewiss aus dem Museu da Música, das wenige Meter von ihm entfernt auf dieser Strecke liegt, die sich mit der Stadt nicht nur wegen der kulturellen, literarischen Bilder, der geschichtlichen Signale identifiziert, sondern sogar bis hin zur Kunst der Töne reicht. Und die Klänge, die Buchstaben und die Figuren sind die universellen Stimmen unserer Kommunikation – in diesem Fall die unterirdischen Stimmen.

Deshalb habe ich, wenn ich in der Station von Alto dos Moinhos vor Camões stehe, das Gefühl, dass er vom Atem dieser heutigen Stadt umhüllt ist, von Tönen voller Abenteuer und Herausforderung wie die der *Música em Água e Mármore* von Jorge Peixinho oder einer Komposition, die dieser gleicht.

Dort ist Camões in Begleitung von Bocage, Pessoa und Almada Negreiros, und das ist gut so, denn die vier schrieben in Lissabon ihr Leben. Sonst zeigen sie sich alle sehr städtisch, will heißen, sind Pomp und Stereotypen abhold und von jener humorvollen Freiheit erfüllt, die zu Pomars Talent gehört.

Almada sehe ich dort als Schriftsteller. Wenn ich mich an ihn als Revolutionär erinnere, lese ich ihn stets noch staunender, als wenn ich ihn betrachte. Genauso. Noch heute ist in seinen Romanen und seinen Theaterstücken die Provokation enthalten, die mir wie Ironie erscheinen will, und in seiner Ablehnung des »Literarischen« liegt dieser Mut, beim Schreiben dem gesprochenen Wort und der Alltagssyntax zu folgen.

Und all dies, weil er Lissabon lebte, darin liegt das Geheimnis. Als Maler beschränkte er sich auf Bühnenbilder oder Ähnliches, aber in der Prosa hörte er die Stadt von innen, fing den Klang ihrer Stimme ein, übertrug ihre

Aussprache, und daher ist die Gesellschaft, in der er sich befindet, genau die richtige.

Nicht nur in Alto dos Moinhos kann man während dieser Reise an Almada denken, sondern auch in der Station Campo Grande. Dort hinterließ Bartolomeu dos Santos einen Kupferstich mit einer Bibliothek von der Größe eines Imperiums, als Autor des Romans *Nome de Guerra* ist er selbst Teil der neun Jahrhunderte portugiesischer Literatur, die das berühmte Traktat *Da Fábrica que Falece à Cidade de Lisboa* von Messére Francisco da Holanda, unseres universellen Botschafters, umgeben.

Angesichts dieser visionären Bibliothek fällt mir ein, dass draußen, nicht weit entfernt, eine andere liegt, die Biblioteca Nacional, und diese Kontinuität zwischen Äußerem und Innerem, zwischen Realem und Figurativem verleiht unserem Blick eine andere Dimension. Die Geometrie der Bürgersteige setzt sich als Geometrie der Mosaiken in den Gängen der Untergrundbahn fort, die unterirdische Version des Marquês de Pombal begleitet die Statue oben auf dem Rondell, der städtische Zoo findet im imaginären Zoo von Júlio Resende seine Entsprechung, die dekorativen Steinmosaiken verlassen die Straßen und erneuern sich zum Beispiel in den Stationen Sete Rios oder Campo Grande, hier spiegelt sich die Stadt wider, vervielfacht sie sich. Von Station zu Station bringen mir die Wandgemälde und Skulpturen, an denen ich vorbeikomme, Lissabon näher, das über mir liegt, und meine Identifikation mit der Stadt.

Wenn es heißt, U-Bahnen seien Züge, die blind sind für die Welt, dann weigert sich die U-Bahn, die mich jetzt transportiert, blind zu sein. Gewiss, sie trägt mich in eingeschlossener Einsamkeit mit sich. Doch bei jedem Halt erinnert sie mich an die Stadt, zu der ich gehöre, und an die Kunst, die jenseits dieser Fahrt durch ihre Eingeweide liegt.

Sarah Adamopoulos
Fado Menor

Maria das Dores hat Angst davor zu sterben, aber noch unendlich viel mehr Angst weiterzuleben. Und sie träumt. Sie träumt, dass der alte Gelehrte, der Dichter, ihr in der Straßenbahn der Linie Sieben begegnet und den Lauf ihres Lebens verändert. Manche Nacht in manchem Traum fuhr Maria das Dores schweigend und aufrecht sitzend mit der Bahn, und da setzte sich plötzlich ein Mann neben sie. Es war ein alter Mann, älter als sie. Aber es war ein lichtvoller Mann. Eine sichtbar leuchtende Aura umgab ihn. Es war der alte Dichter. Es war der Gelehrte. Er war ein Gentleman. Es war, kaum zu glauben!, ein Einarmiger, ein sehr tapferer Einarmiger.

»Sie haben sehr ausdrucksvolle Augen«, sagte der Einarmige.

Und bald darauf stellte er sich persönlich vor, elegant wie in einem Hitchcock-Film mit dem unübertroffenen Cary Grant.

»Boris Viana«, hob er an und streckte die Hand zum Gruß aus, Maria das Dores erwiderte ihn, indem auch sie die Hand ausstreckte, damit er sie in die seine nähme.

Schweigend fuhren sie bis zur Haltestelle Cruz. Ein friedvolles Schweigen, das Maria das Dores' Seele mit unverhoffter Ruhe erfüllte. Falls das nicht der Himmel war, dann war es ein mächtiges Omen, sein Vorzimmer, eine hyperrealistische Vision. Der so glanzvolle Himmel konnte viel anders nicht sein! Am Ziel angekommen, blieb Maria das Dores nicht sitzen wie sonst immer, wenn sie allein zwischen den Haltestellen Inválidos und Cruz hin und her fuhr. Unweigerlich stand sie auf und wartete ab, was der Mann tun würde. Er stand nicht auf, er sagte:

»Fahren wir weiter bis Inválidos, gnädige Frau? So verlieren wir unseren Sitzplatz nicht.«

Maria das Dores nickte irritiert und setzte sich wieder auf ihren Platz. Die Straßenbahn drehte und fuhr los in

Richtung Inválidos. Maria das Dores kannte jeden Zenti-
meter dieser Strecke, jedes Gerüttel und Geschüttel während dieses mechanischen Rituals, wenn der Wagen die
Fahrtrichtung änderte. Seit Jahren beobachtete sie das:
die Fahrt, die Umkehr, die immergleichen Bewegungen
der Wagenführer. Maria das Dores kannte jede Haltestelle, jeden Baum, eine beträchtliche Anzahl Stammpassa-
giere oder, besser gesagt, deren Gesichter, die Kleider,
die sie üblicherweise trugen, in manchen Fällen auch die
Stimmen, die diese Menschen mit Leben füllten. Seit Jahren wurden all diese Passagiere heimlich beobachtet. Sie
wussten es nicht, aber sie waren Teil des Lebens der Frau,
waren fester Bestandteil der Tage von Maria das Dores.
Nahm jemand eine Zeitlang die Bahn nicht, fiel ihr seine
Abwesenheit auf, und sie überlegte, was ihm wohl zuge-
stoßen sein könnte. Und wenn der Passagier dann wieder kam und seinen Platz in der Straßenbahn einnahm,
war Maria das Dores erleichtert. Das Leben fand wieder
in seine normale Bahn. Die Normalität hatte ihre Vor-
züge, Veränderungen brachten alles durcheinander. Die
Lebensszenarien der Menschen hatten eine Ordnung wie
Figuren auf einem Gemälde.

Verwirrt vom Verhalten des Dichters setzte sich Maria
das Dores also wieder auf denselben Platz. Dann begann
Boris Viana zu sprechen, er ließ sich über etwas aus, das
er den versiegelten Brief nannte. Der versiegelte Brief,
mehrfach gefaltet, langsam geöffnet, auseinandergefaltet
und gelesen. Maria das Dores begriff, dass er über das
Leben sprach.

Maria das Dores konnte es nicht fassen, weder das,
was sie da hörte, noch die Art des Mannes. Die Worte
des Mannes – es waren Allerweltsworte, Worte, die jeder benutzen konnte – bekamen einen neuen Sinn. Die
Worte des Dichters wirkten wie hauchzarte Zierdeckchen,
Klöppelspitzen, mit denen er die Hässlichkeit des Lebens
bedeckte. Die Stimme des Dichters war ein Zauber. Tief,
murmelnd; obwohl sie sie schon kannte, schien sie ihr
wie nie gehört. Was hatte der Einarmige für eine schöne

Stimme! Die Stimme des alten Dichters war die Stimme Gottes. Auf jeden Fall müsste er, Gott, eine solche Stimme haben. Tief und murmelnd. Kein Mann hatte je eine solche Stimme, außer (vielleicht) Jesus Christus. Kein Mann hätte je eine solche Stimme, es sei denn der Messias, klar. Ihr, der verstummten Frau, blieben die Worte in der Kehle stecken, einige wirre gingen ihr nicht aus dem Kopf. Also barg das Leben doch seine Überraschungen. Also hatte nicht nur Coxinha aus der Fernsehserie Glück im Leben. Da war sie, Maria das Dores, eine alte Närrin voller Kummer, da war sie überrascht.

Der Einarmige redete immer weiter. Er sprach von seiner Kindheit und Jugend und von den Schmuggelabenteuern zwischen Grenze und Dorf. Er war unter Schmugglern aufgewachsen. Jeden Tag ging er zum Fluss und beobachtete den Sonnenuntergang. Die Unruhe des Flusses hatte ihn unruhig gemacht. Der Fluss war ein Teil des Meeres, ein Sohn des Meeres auf dem Land. Die Strömung des reißenden Flusses, der immer Gezeiten mit sich brachte und mit sich trug, war das Blut der Erde. Den Fluss konnte man befahren wie das Meer. Manchmal konnte man Nymphen am Flussufer sehen, Boris Viana hatte aus ihnen seine Musen gemacht.

So wurde der Dichter geboren, im Schilf auf Nymphen lauernd, während er Träumereien niederschrieb, poetische Träumereien, zugegeben, aber dennoch Träumereien, die so begannen:

Ich werde dich immer lieben, du Tochter des Flusses,
oder:
Er wird in deinen Haaren geboren, dieser Fluss, den ich
liebkose,
oder auch:
Lass mich dich überqueren.

Der alte Dichter wartete nicht sehnsüchtig auf den Tod. Er lebte jeden Tag intensiv in dem Bewusstsein, dass es der letzte sein könnte. So war es seit der Zeit, als er auf dem Dorffriedhof Fußball gespielt hatte, barfuß, mit Bällen aus alten Socken. So war es seit der Zeit, als er mit Stielaugen und einem Bleistiftstummel hinterm Ohr hinter Büschen badenden Nymphen aufgelauert hatte und Gedichte in ihm geboren wurden, während die Nymphen selbstvergessen ihre langen Haare wuschen. All das erzählte ihr der alte Dichter mit einer Vertraulichkeit, die Maria das Dores gleichzeitig ehrte und verwirrte.

»Manchmal ist ein Gedicht das Einzige, was ich über ganze Wochen erlebe. Dann lasse ich es leben, ich sehe es in mir entstehen und wachsen, überall, wohin ich gehe, gibt es Teile von Gedichten. Teile von mir, die ich loslasse, Kunstvolles, das ich ausstreue, Dinge, die mir vom Herzen fallen. Zärtlichkeit, Schreie, Umarmungen, Tränen, Trümmer, Lieder, Ängste, Liebe … Ich bin Dichter, aber gezwungenermaßen. Ich wäre gern ein Gedicht, verstehen Sie?«

So etwas hatte die Frau noch nie gehört. Die Worte des Mannes schienen ihr geheimnisvoll, auch wenn sie sie sehr schön fand. Maria das Dores begriff nichts von dem, was der Mann ihr anvertraute, sie war aber der Meinung, dass er sehr gut reden konnte und für einen Einarmigen sehr gebildet war.

José Galhardo und Amália Rodrigues
Fado da Saudade – Fado der Wehmut

Ich singe den Fado für mich
Er öffnet mir die Türen
Die hinausführen aus dem Herz
Und herausbricht
Was dort gefangen ist:
Mein unendlicher Schmerz.

Ai, mein Schmerz
Ohne deine bittere Klage
Sänge ich nicht wie ich singe
Mein bitteres Lied
Ai, mein Herz
Was bist du nun, dass ich leide und klage
Also, nun, da ich liebe
Singe ich den Fado deinetwegen.

Ich singe den Fado für mich
Gesungen habe ich schon für uns zwei
Aber das ist vorbei
Nun, da es so ist, so sei es
Nun hast du mich schon vergessen
Nun hat jeder seinen eigenen Fado.

Glücklicher ist deiner, ganz sicher
Es ist der Fado der Armut
Die uns das Glück bringt
So Gott will
Ich beneide dich nicht um dieses Lied
Denn meines ist virtuoser
Es ist der Fado da Saudade.

Eugénio de Andrade
Lissabon

Dieser Nebel über der Stadt, der Fluss,
die Möwen aus anderen Tagen, Schiffe, Menschen,
die es eilig oder alle Zeit zu verlieren haben,
dieser Nebel, in dem Lissabons Licht beginnt,
Rose und Zitrone über dem Tejo, dieses Wasserlicht,
nichts mehr wünsche ich mir von Stufe zu Stufe.

Vítor Serpa
Belém, mein Land

Ich bin in der Travessa da Memória geboren.

'54.

Im Dezember.

An einem Sonntag.

Mein Großvater, der wenig von göttlichen Omen hielt, fand dennoch, dass es kein Zufall sein konnte, dass ich das erste Lebenszeichen um 15.20 Uhr von mir gab, genau in der Minute, in der Matateu für den CF Belenenses in Barreiro ein wundervolles Tor schoss. Am nächsten Tag stand er auf, rasierte sich, zog seinen besten Anzug an, band die blaue Krawatte um, setzte den Hut auf, ging aus dem Haus, ohne jemandem Bescheid zu sagen, und meldete mich bei den Belenenses an.

Das hätte mich fürs ganze Leben zeichnen können. Es ist kein guter Plan, als ein so tadelloser Bürger geboren zu werden. Aber besser bei den Belenenses als bei der União Nacional …

Doch das Gleiche hätte auch passieren können, als meine Mutter mich unbedingt im Jerónimos-Kloster taufen lassen wollte. Noch heute bewahre ich die Aufzeichnung dieses feierlichen Aktes, ausgeführt vom ehrwürdigen Monsenhor Nogueira, in meiner Geburtsurkunde auf, handschriftlich eingetragen mit blauer Tinte. Sorgfältige Buchstaben, offiziell, behördlich, kirchlich. Gestochen scharf.

Ein Leben lang hat meine Mutter immer gesagt, die Taufe habe mir keineswegs geschadet, und ich glaubte langsam, dass mein Großvater von einer Vereinszugehörigkeit bei den Belenenses, von Geburt an, dasselbe gedacht hatte: dass es mir auch nicht schaden konnte.

Es war nicht so, dass meine Kindheit aus Mangel an glänzenden Siegen zu traurig verlief, aber ich gebe zu, dass es möglicherweise aufs Gleiche hinausgelaufen sein könnte. In Portugal verstanden sich Religion und Heidentum schon immer überraschend gut. Sie wohnen im selben Haus, sie essen vom selben Teller.

Nun, ich ergab mich zwar nicht immer ins unausweichliche Schicksal, aber ich begriff früh, dass die Welt für ein kleines Kind immer dessen Größe entspricht. Also war meine Welt Lissabon, mein Land Belém und mein Dorf die Travessa da Memória. Und so blieb es natürlich meine ganze Kindheit über.

Die Südgrenze meines Landes war der Tejo.

Ich setzte mich oft an die Mole von Belém, einfach nur um die schreienden Möwen zu betrachten, die Fische, die in den schäumenden Wellen klatschten und tratschten, schmachtende Liebespaare mit leuchtenden Augen, streunende Hunde – die großen Überlebenskünstler –, alte Binnenmatrosen mit aufgeknöpften Flanellblusen und Schirmmützen wie Baumkronen, die am Stamm festsitzen, blasse Alte, die sich aus Respekt vor einer unausweichlich nahen Zukunft vor der Erde verneigten.

Das andere Ufer lockte mich. Ich fand es toll, mit dem Boot nach Porto Brandão überzusetzen, durch die aufgewühlten Wasser der Flussmündung bis nach Trafaria zu fahren und dem Meer mit dem henriquinischen Mut eines Jungen zu trotzen, der mit einer Nussschale – ironischerweise auf den Namen *Sempre Fixe*, ›Immer Obenauf‹, getauft – die Neue Welt erreicht, indem er krängend dort navigiert, wo er schon den Atlantischen Ozean vermutet. Das Fort Bugio war mein Adamastor, mein schreckliches, zu bezwingendes Kap, und ich, im Bug, kämpfte heldenhaft gegen Winde und Gezeiten, natürlich trieb ich oft ab, aber eher wegen des lahmen Motors, der mit einem röchelnden Spotzen absoff, als wegen schwerer See. Wie auch immer, es war ein Abenteuer mit krassem Adrenalinkick – die Überfahrt war lang, Lissabon weit weg, der Torre de Belém lag hinter den Schleiern der Vergangenheit, die Statue des Seefahrers Albuquerque war nur noch eine verschwommene Andeutung von etwas sehr Hohem und Schlankem, der Republik demonstrativ den Rücken gekehrt. Und ich stellte

mir vor, wie sich der damalige Staatspräsident Américo
Tomaz – in der Paradeuniform eines Konteradmirals
mit dieser herrlichen Schärpe quer über der Schulter (so
wie meine Mutter immer die Handtasche umhängte, um
nicht bestohlen zu werden), eine glänzende Rosette an
der Hüfte, in einstudierter staatsmächtiger Pose und mit
überflüssiger und offensichtlicher Kahlheit – wütend am
Telefon bei Kardinal Cerejeira, dem Patriarchen von Lissabon, beklagt:»Bitte, Eminenz, so tun Sie doch etwas …
na, wegen Albuquerque. Er hat dem Estado Novo noch
immer den Rücken gekehrt. Eine inakzeptable Despek-
tierlichkeit, ein schlechtes Beispiel, eine höchst verwerf-
liche Aufsässigkeit …«

An der Nordgrenze – wo ich wohnte – lag Ajuda. Meiner
Ansicht nach kann man die beiden Gebiete mit Nord-
und Südkorea in Friedenszeiten vergleichen. Ajuda und
Belém sind schließlich ein und dasselbe Land, nur dass
der Süden reicher ist.

Doch die Leute von Ajuda waren auch meine Leute.
An der Hand meines Großvaters ging ich gern über die
Grenze. Er mit Hut, ich mit einer Mütze, deren Schirm
gebogen war wie ein Entenschnabel. Manchmal ließ er
mich gleich bei Senhor Felgueiras, der mir die Haare
schnitt, Pomade auftrug und mir eine Tolle à la Elvis hin-
frisierte, die meine Mütze in eine Startrampe für dum-
me Einfälle verwandelte, wie sie Bengel in diesem Alter
haben. An anderen Tagen, und das war besser, durfte
ich mit zum Campo dos Ingleses. Ich sah diese großen,
schlanken Herren, makellos in Weiß gekleidet, die eine
merkwürdige Sprache sprachen. Wir gingen in kühle
Schenken, ich aß Frischkäse, trank Limo, saß da und sah
zu, wie mein Großvater Gläschen um Gläschen Rotwein
trank, mit der Zunge schnalzte und mit seinen Freunden
großspurige Gespräche führte, bei denen ich mich schon
als Mann fühlte, nur weil ich dabei war.

Bei der Sueca wurden die Spielkarten auf die Tische
geknallt, Dominosteine wurden auf Marmorplatten an-

einandergereiht, doch draußen beim Malha-Spiel war der Enthusiasmus am größten, abgesehen von der Begeisterung der jungen Burschen, die über Frauen sprachen und keine besondere Rücksicht darauf nahmen, dass der Kleine, also ich, es hörte.

Im Osten grenzte mein Land an Boa-Hora. Die Grenze war kein Fluss, sondern eine Steige, die Calçada da Ajuda. Wir alle mussten irgendwann den steilen Berg zum Palast hinaufsteigen, den in früheren Zeiten wohlgenährte Könige heimlich verließen, um zu den buschigen Schößen ihrer Geliebten zu gelangen, die am Largo da Paz, getrennt durch enge Hinterhöfe, Wand an Wand lebten; ein gemachtes Nest, die Alkoven mit weichem Leinen bezogen, das nächtliche Souper mit dem Emblem der Königskrone serviert.

Viel unehelicher Adel wurde dort geboren; einige wurden mehr protegiert als andere, doch anerkannt wurden sie nie, daher waren sie wild wie die Katzen in meiner Straße, mit ihren eigenen Freiheitsregeln, die sie während der Paarungszeit für lange forttrieben.

Die Calçada da Ajuda war also ein ganz besonderer Ort. Es gab mehrere Kasernen, und jeden Morgen marschierten die Soldaten zum Takt der großen Trommeln durch die Straße, an der Spitze ertönte die schrille Fanfare der Hornisten, die die Hausmädchen, verzaubert von diesem Ton und ihrem Traum, an die Fenster rief. Unten kamen die Reiter der Wache aus dem Palácio de Belém, Helme mit langen strohweißen Federbüschen, gestriegelte Pferde, eitel, auch wenn sie alt und müde waren, und ich fand es schade, dass nicht eine echte Königin in diesem Palast wohnte, sondern ein Glatzkopf, den Belém vor allem deshalb respektierte, weil er erklärter Belenenses-Fan und nicht, weil er Präsident der Republik war.

Mein Vater machte dann alles nur noch schlimmer, als er mir sagte, dass nicht der Präsident regierte, sondern ein gewisser Salazar. Der regierte alles in allem, er regierte am meisten, aber zum Glück für mich wohnte er weit entfernt. Ich hörte ihn manchmal im Radio; dieses schleppende Zischen in seiner Fistelstimme fand ich sonderbar, als würde er immer nach der Katze rufen, aber dieser Mann war aus einer anderen Welt, ja gar aus einem anderen Land. Sollte er sich doch verpissen, dieser Salazar. Fand ich …

Es ist an der Zeit, euch in aller Deutlichkeit zu sagen, dass das Beste an der Calçada da Ajuda nicht die Kasernen waren, auch nicht das Ostportal des Palácio de Belém, nicht einmal der Botanische Garten, wo es Schatten und Teiche mit dicken, kurzatmigen Goldfischen gab. Das Beste war das Lokal Manel dos Passarinhos, guter Wein und gute Häppchen; dorthin ging ich mit meinem Großvater, war Zuschauer bei höchst strittigen Domino-Wettkämpfen und stellte mit aller Zeit der Welt meine Fußballerbildchen-Sammlung zusammen. Ich, der nie für Süßigkeiten zu haben war, packte das Bonbon für einen Groschen in der fantastischen Erwartung des »Das hab ich noch nicht« – Nummer 43, Ramin – oder mit der schlecht verhohlenen Enttäuschung des »Das behalte ich zum Tauschen« aus.

Im Westen schließlich grenzte mein Land an Restelo. Stadt der Reichenviertel. Riesenvillen, bei denen mir der Mund offen stand, und Menschen, die, wenn sie dort wohnten, fast immer unsichtbar waren.

Die Kinder, die dort lebten, spielten nie mit uns, sie gingen nicht in meine Schule, sie wussten nicht einmal, dass es ein Manel dos Passarinhos gab, guter Wein und gute Häppchen, und sie tauschten auch keine doppelten Fußballerbildchen. Sie fuhren in großen schwarzen Autos auf der Rückbank, die Mütter hatten Hüte auf und irgendein Problem am Hals, das sie zwang, immer ganz aufrecht zu gehen wie Stadtgiraffen und, egal, wo sie waren, immer geradeaus zu schauen. Die Kinder nicht. Sie sahen aus den Fenstern, mit großen Augen blickten sie uns bewundernd an. Und ich denke sogar, sie haben uns genau gesehen.

Restelo war unser Amerika. Mächtig, reich, unerreichbar. Wir wagten es nie, die Grenze von Belém nach Restelo zu überschreiten. Nicht einmal mein Großvater. Er ging nicht weiter als bis zum kirchlichen Internat Casa Pia auf ein Schwätzchen mit den Jungs, die dort Fußball spielten, und dann ging's zügig auf ein Gläschen Wein und einen Teller Schinken zu Amorim in der Travessa Domingos Tendeiro. Amorim sah aus wie eines der Fässer, aus denen er Wein zapfte, mit dem Unterschied, dass er sprechen konnte. Mein Großvater ließ sich das Vesperbrot schmecken, und ich beobachtete Amorim und seine Fässer, sicherlich nahe Verwandte, alle dick und halslos, alle einen Reifen um den Wanst, alle unverrückbar. Wenn wir früh dran waren, warfen wir noch einen Blick in den Park der Kolonien und ins Krokodilbecken, wo ich später schwimmen lernen müsste – die berühmte ›Kohlsuppe‹, viele Generationen lang das Schwimmbad der Belenenses –, dann eilten wir durch den Pátio das Vacas, die Calçada do Galvão, schon unsere Heimat, »hallo, Solidó«, zur Travessa da Memória, »geht's dir gut, schöne Linda? Guten Abend, kleine Alda« – die kleine Alda, so alt wie mein Großvater, aber mit dem Recht, ihr Leben lang die Kleine zu sein: Dieses Geschenk hat Gott ihr gewährt, weil sie keine Kinder bekommen konnte.

Mário de Carvalho
Wir sollten mal darüber reden

Da die Dinge nun einmal so liegen, lade ich Sie in ein bestimmtes Restaurant in der Graça ein, das in der Nähe der Rua das Beatas liegt, nicht unweit der Vila Bertha, wo man schon gegen zehn Uhr abends eine Musik aus Geschrei, Stühlerücken und Gläserklirren macht, die den Nachbarn, meistens Rentner und frühaufsteherische Alte, sehr zu denken gibt. Das verdient schon seinen Pinselstrich, wobei ich auf den berühmten Theoretiker pfeife, der da forderte, Beschreibungen zu unterlassen.

Stieg man die Graça bis zur Senhora da Glória hinunter, stand man irgendwann vor einem mit größeren Steinen gepflasterten und deswegen nicht weniger rutschigen, zurückgesetzten Eingang, in dessen rundem Schatten sich normalerweise Gestalten aufhielten, denen man besser aus dem Wege ging. Man trat durch eine Holztür, durch eine weitere und kehrte sehr oft wieder um, weil das Restaurant nur schwierig auszumachen war. Ich wette, dass der Leser es ohne meine Hilfe nicht finden würde. Man musste schon sehr genau hinsehen, um den Eingang zu erkennen, der sich gleich neben einem winzigen Schaufenster befand, das bis auf halbe Höhe mit durchscheinendem Papier verkleidet war, und einem senkrechten, in die Wand eingelassenen Schild, dessen gläserne Oberfläche vor Schmutz ganz stumpf war. Was da früher mal in vergoldeten Jugendstil-Lettern stand, weiß ich vom Hörensagen, denn sehen, sehen kann man nichts mehr. Es war das Solar do Macedo. Nimmt man, zur Rechten, die zerbrochene Öffnung eines Hydranten als Orientierungshilfe dazu, ist es leichter zu finden.

Das Solar do Macedo wurde von einer Gesellschaft erworben, die aus zwei Anwälten, einem Ökonomen, einem Ingenieur und einem Maler bestand, denen sehr an Geselligkeit gelegen war. Der sozietäre Zweck war nicht der Gewinn, sondern der Zeitvertreib. Die Sozietät trug sich leidlich während eines Jahres, bis zum unvermeidlichen Bankrott. Wurden zum Mittagessen immer noch Schlachtplatten und Bacalhau à Brás an eine ganze Menge halbwegs anspruchsvoller Bankangestellter und Geschäftsinhaber verkauft, so war abends nichts mehr los: Dann saßen zwei oder drei Betrunkene aus dem Viertel an der Theke, unterhielten sich über weltbewegende Themen (»wenn der Mond echt hell scheint, verstehste?, setzt der alles in Brand. Erinnerste dich an das Haus da, beim Miradouro, was einem Typ gehörte, der João hieß und Schuster war … das Haus war total voller Mond, haste keine Worte für und, peng! – Nee, glaub' ich nich'. Da … – Echt, Mann, weiß doch jeder im Viertel, frag' doch den Ambrósio, der Mond schien und schien und das Haus da drunter, zusch, sofort total in Flammen …«), und vielleicht noch irgendein missmutiges Ehepaar, das, auf den Fernseher starrend, an einem der Tische saß und die Zeit bis zum Insbettgehen totschlug.

Aber an bestimmten Donnerstagen war alles ganz anders. Das Restaurant verwandelte sich, füllte sich, und sagen zu wollen, es würde sich beleben, hieße reichlich untertreiben. Die hinausgeworfenen Besoffenen gingen woanders hin, um zu philosophieren, und wichen einer ganz eigenen Kundschaft, die im Laufe der Nacht einträfe und die den Ernst und die Haltung der Mittelklasse, zu der sie normalerweise zählte, erst, nachdem sie die Tür hinter sich geschlossen hatte, mit den Mänteln an die Garderobe hängen würde.

Wenn es nicht die Absicht war, mit dem Restaurant Geld zu verdienen, so war sie auch nicht, es zu behalten. Es ging darum, überflüssiges Kapital loszuwerden, damit Freunde und Freundesfreunde in mehr oder minder typischem Rahmen miteinander feiern konnten. Und solange der Buchhalter keine Einwände hatte – zu spät! – und die lebenslustige Sozietät nicht auf die Übertreibungen in der Ausgaben-Spalte aufmerksam machte, solange gab es diese telephonisch vom einen zum andern zusammengerufenen Treffen, sodass das Lokal an diesen

Tagen, nach welchen Kriterien auch immer, brechend voll war. Die neuen Inhaber ließen alles genauso, wie es war. Investieren und Renovieren gab es nicht. Das sollte aufgebraucht werden. Und bis nur noch buchhalterische und bürokratische Schwierigkeiten übrig waren, so lange hatten die Inhaber ihr Vergnügen und viele andere auch.

Würde man von einem ahnungslosen Bürger, der dort einträte, einen nüchternen Kommentar erbeten, würde er nichts anderes sagen, als dass das Solar do Macedo eine verdreckte Kneipe sei. Und hätte damit völlig Recht. Im Übrigen waren die Donnerstag-Besucher, denen der Schmutz und die Ärmlichkeit des Lokals außerordentlich gefielen, alle dieser Meinung. Sie hatten Steaks satt, wollten lieber gebratenen Fisch; sie hatten *Periquita* satt, wollten lieber irgendeinen gepanschten Roten, selbst wenn er schon einen Stich hatte; sie hatten gepolstertes Nappa satt, wollten lieber Holzstühle oder gar jene Hocker mit einem Loch, um den Finger hindurchzustecken. Sie hatten es satt? Sie dachten, sie hätten's. Jeder von ihnen bekäme zu viel, wenn er dazu gezwungen würde, täglich im Solar zu Mittag zu essen ... für achthundert Escudos.

Der Raum bildete einen drei Meter breiten Korridor, mit einer Theke auf der linken Seite, die sich fast über die ganze Länge erstreckte, die nicht kurz war. Auf der rechten Seite standen fünf oder sechs Holztische sehr eng beieinander – zwei davon original – und ausreichend Stühle und Hocker, um sie voll zu besetzen. Ein Fries brauner Kacheln, der so voller Fett war, dass man mit dem Finger andere Phantasiefiguren neben die reliefierten Lilien malen konnte, die der Hersteller dort angepflanzt hatte, zog sich auf hiesiger Seite, an der freien Wand, bis auf halbe Höhe hinauf. Dieser schimmernde Glanz wurde von einer grünen, offensichtlich später angebrachten Fliesenreihe abgeschlossen, denn einige von ihnen dienten dazu, hier und dort fehlende Kacheln zu überdecken. Das ovale Portrait eines kräftigen, schnauzbärtigen Herrn mit Weste und Uhrenkette, der zufrieden herunterblickte, obwohl der weiße Schimmel, der ihn umgab, eher stören müsste, hing von endlosen, an einem kräftigen Haken befestigten Schnüren neben drei von Spinnweben verhängten Rissen in der Wand herab, die früher einmal weiß gestrichen war. Das war nicht der Gründer des Restaurants (der war an der gegenüberliegenden Wand zwischen Flaschen auf einer Photographie von Ausflüglern zu sehen, die, lang ist es her, vor der Abfahrt zu einem Picknick in Bucelas aufgenommen wurde), sondern der Urururgroßvater eines der gegenwärtigen Teilhaber, der aus einem Haus am Strand entfernt wurde, um dem Solar »mehr Ambiente« zu verleihen ...

Im Hintergrund gab es eine, wie es schien, mit Gewalt geöffnete Tür, so übel war sie zugerichtet, die den Blick in einen schwarz und weiß gekachelten Raum freigab, aus dem Dämpfe hervordrangen und den alle, daran gab es keinen Zweifel, für die Küche hielten. Der Boden bestand aus Steinplatten und die Theke aus Kalkstein, der viele Sprünge hatte und voller uralter Kratzer war. Die einfach herrliche Zinkplatte, deren Belag sich an den Fugen schon aufbog, gab beim Kauf den Ausschlag. Auch zwei runde, kräftige, bläuliche, mit noch blaueren und ein wenig ungleichmäßigen Spiralen verzierte Glaslampen aus Marinha Grande, die von der gewölbeartigen Decke an zwei unglaublich langen und dünnen Haltern herabhingen, beeinflussten die Entscheidung. Sie mussten von zwei dicht an den Flaschenborden angebrachten Neonröhren ergänzt werden.

Eine aus altem Elfenbein gefertigte Figur des heiligen Antonius harrte in einem Glassturz aus, der auf der Theke neben der Kaffeemaschine, Marke *Cimbalino,* dicht am Schaufenster stand und auf dessen hölzernem Boden getrocknete Blumen lagen. Die freie Hand des heiligen Antonius war abgehackt, was sie in ihren Augen noch wertvoller machte, da sie ihn für ein Opfer des Vandalismus der Franzosen hielten, denen es in schwer verständlicher Raserei eingefallen war, die Hälfte unserer häuslichen Heiligen zu zerstückeln. Die Figur war so wertvoll, dass sie zweimal mit Hilfe der Polizei und entsprechenden Argumenten auf dem Diebesmarkt wiedererlangt werden musste.

Die Marke der Kaffeemaschine löste oft Diskussionen zwischen den Betrunkenen des Viertels aus, die dort ihre Abende verbrachten. Sie waren in der Lage, sich stundenlang in einer bunten Abfolge von Argumenten und herumfuchtelnd zu streiten, ohne dass es irgendeinem jemals eingefallen wäre, den Blick auf die vergoldeten Lettern zu richten, die, deutlich zu sehen, ganz unmissverständlich *Cimbalino* bedeuteten. Sollte dies wunderbarerweise einmal geschehen, so wäre es mehr als wahrscheinlich, dass ein anderer die Schultern zucken und mit feuchter Aussprache sagen würde: »Weiß ich, ob diese Lettern da nicht nur angebracht wurden, um einen hinters Licht zu führen? Die Lettern sind eine Sache, und die Maschine als solche is' logischerweise was anderes. Also, was ich bin, ich halte das für 'ne *Arion*, hörste, 'ne echt gute türkische Marke.« Und es folgte das Streitgespräch, das wenigstens den ganzen Abend dauerte.

Mafalda Ivo Cruz
Portugiesisches Requiem

… dass diese dunkle Nacht der Kontemplation ihn zuerst in seiner Unzulänglichkeit zunichte macht, indem sie ihn in Dunkelheit, Trockenheit, Bedrängnis und Leere versetzt. Denn das Licht, das ihm gegeben werden soll, ist ein allerhöchstes, göttliches Licht …

Johannes vom Kreuz, *Die Dunkle Nacht*

Als sie mich in der Kaserne von Graça abholten, war ich ein junger Mann mit Frau und Tochter. Und plötzlich stand ich an einer Tür, und die Welt öffnete sich mir, als mir jemand die Nacht reichte, die in Erinnerung bleiben wird, denn die Schritte eines Menschen bleiben der Welt immer in Erinnerung, finde ich, so merkwürdig die Reise auch sein mag, die Schritte eines langen oder schnellen oder ermüdenden Gangs. Als sie mich holten, war ich ein junger Mann, und welche Zeit ist vergangen, welch merkwürdige Zeit zwischen diesem Morgen, der ein Platz mit Platanen war, und jetzt! Vielleicht verschlingen sie mich wie ein Tier.

Dem Delirium entkommen, dem vollständigen Brechen des inneren Körpers; entkommen. Darauf folgen unerbittlich Lähmung und Traum.

Sie brechen mich nicht. Sie hindern mich nicht zu sein, wenn sie wissen, wo ich bin. In einer Straße unweit der Baixa, Banalität und Wechsel. Wie ein Mann zu sein, der in einer Straße ganz in der Nähe der Baixa gefangengehalten wird, in der Nähe der Kathedrale, wo es Käfige gibt. Und der das Recht hat, sich zu wehren und sich an sich selbst festzuklammern, die Muskeln anspannt, den Kopf erhoben, wie man sagt.

Und der wie besessen das Lied *Volare* hört, das von den Straßen aufsteigt, aus den Radios der mitleidenden Frauen, die die Gefangenen beweinen, und sie aus einer noch heftigeren, besseren Wehmut reißt. *Volare,* was für ein Unsinn. Und die Straßenbahnen von Lissabon, die Leute, die Stille all dessen. *Die Dunkle Nacht,* dann die *wunderbare Menschenseele,* hast du gewusst, Mutter, dass das Leiden eine Form von Wachtraum ist? Und dass die Männer, die hier mit mir sind, in Wirklichkeit zu einem Wachtraum verurteilt sind? Hast du gewusst, dass man sich am Halbdunkel bereichern kann, ohne etwas zu tun – wo ist Vicente? Sag es mir, wenn du kannst. Liegend auf allen vieren die Wand hinaufklettern, parallel zur Wand schwebend, im Halbdunkel, und dann an der Decke schweben. Beweine mich nie, ich könnte es nicht ertragen, wenn du mich beweinen würdest. Weine nicht, Mutter, wie ein nackter Engel durchwanderte und segnete ich die Zeiten, aber ich war ein buckliger Mann. Du und ich und die von unserem Stamm werden an der hohen Klippe ankommen. Wir sind viele. Wie viele sind wir. Warum war ich hier? Ich wachte auf. Ich trat aus dem Schlaf wie aus einer Wand, stand auf und hielt einen Lichtstrahl wie Asche in der Hand. Ist die Welt Wahrheit? Lass nicht zu, dass man mich beweint, lass nicht zu, dass sie meinen Namen sagen, den Namen, der von der Seele umfasst wird, denn schon wird der andere zu ihrem Eigentum. Und lass dich nicht dazu hinreißen, sie zu hassen, denn sie sind niemand. Niemand.

Manchmal drehte sich meine Frau auf hohen Absätzen vor dem Spiegel. Ihre jähen, harten Bewegungen, die sie dazu trieben, Dinge kaputtzuschlagen, die Glühbirnen der Lampen zu zerbrechen, Radios und alles, was sie in die Hand nahm. Wie sie mich feierlich anblickte, wenn ich mich ihrem Körper näherte, und wie sie stillhielt mit einer Kraft, dass das Leben in ihr schweben muss wie ein schmerzlicher Zweifel. Und mir tat es leid. Ich war erschöpft vor Leid, alles kam in unmenschlichen Fragmenten in mir hoch, nicht nur Alda, die ich nicht liebte, auch das Schicksal eines unendlichen Leids, das mich durchlief.

Und Alda wankte zwischen der Frau und dem Vogel, der das Leben frisst, um zu leben. Ich höre noch immer ihre Stimme mit Worten, die mir entgleiten, Vogelstimme. Umhüllt von harmlosen Rachegelüsten, Waffen, unnötigen Verstecken, denn alles in ihren Händen welkte unmittelbar und ging kaputt. Wir hatten eine Tochter, die sonntagmorgens auf meiner Brust schlief. Deshalb waren die Sonntagmorgen durchsichtige Glasglocken mit einem Duft nach Seife und Brei.

Wir waren wir, die Kommunisten des Viertels, die sich bei Regen mitten auf der Straße küssten und diskutierten, und unsere Tochter war ein Hase mit schneeweißem Fell, der auf meiner Brust lag und spielte und mir erzählte, dass sie, meine Tochter, eine Tochter hätte und ihre Tochter keinen Namen.

Ich sehe meine Tochter wieder, dreijährig auf dem Arm des Mädchens, das sie großgezogen und das immer gesagt hat: »Iss, Leonor, iss.« Sie hat sie mit in den Park genommen, plaudernd sind sie die beiden Treppen hinuntergegangen.

Und die Freunde. Lissabon, die so alte, böse Stadt, sie starrte uns mit Bedrohungen an, die wir nicht sahen. Damals hätte ich mit Fernando Pessoa sagen können: O Lissabon, du meine Heimstatt, mein Hinterhof mit heruntergefallenen Orangen auf dem Boden und zusammengerollten Katzen. Und die Rufe der Händler am frühen Morgen. Die Musik der Scherenschleifer. Der Bursche meines Vaters, der mich in die Schule brachte. Senhor Oliveira von der Drogerie. Dona Glória von der Apotheke in der Rua Buenos Aires. Und Carminda, die vom hinteren Fenster zu mir herunterrief: »He, das sage ich deiner Mutter«; all das. Die letzte Luft, die aus den jungen Lungen strömt.

Und wir hörten Lieder, die von Revolution handelten, während wir mit dem Mund Geräusche machten wie Jugendliche, und Leonor kam mit zwei Mädchen im Schottenrock aus dem Park, einem blonden und einem dunkelhaarigen, das mich ansah, während es auf der Bank saß und die Beine ausruhte. Sein Kopf schien für seinen Körper zu groß zu sein.

Die Freunde, immer kamen und gingen sie, ständig durchquerten wir die Stadt in krankhafter Eile, ich weiß nicht, weshalb.

Aber das Kind war merkwürdig, es beobachtete mich und schien taub gegenüber dem Lärm zu sein, gegenüber den aufgeregten Schritten im Haus, den Stimmen, den Schreien.

Das Kind, das mich scheinbar taub ansah, tauchte immer wie ein finsteres Omen auf seiner kleinen Bank auf. Es beobachtete mich, meine Bewegungen, mit seinem riesigen Kopf und seinem karierten Rock. Eines Tages sah ich es nicht mehr wieder.

Irene Lisboa
Die Lavra-Bahn

Der Elevador stand. Ich und andere stiegen ein, wenige Leute. Vielleicht hatten die Beamten noch nicht Feierabend, oder vielleicht war er schon vorbei, und so stellte die Flüchtlingsbehörde von Torel ein kleines, fast nichtiges Kontingent an Passagieren.

Oben: Die kleinen Bengel fallen wegen der Fahrkarten und des Almosens ein; die Mädchen von der Universität, schön frisiert und mit dem Heft in der Hand, folgen in gerader Linie. Zur entsprechenden Jahreszeit ranken die Glyzinien des Instituts bis zur Straße hinab, der Kesselflicker an der Ecke entlockt seinen Metallen einen hohen, schrillen Ton; der Bettler mit der Bratsche und die Frau mit der Geige spielen schnell ein paar Töne – ob es regnet oder ob die Sonne scheint.

Der Ort ist schön, ruhig und übersichtlich, ein Stück Straße, das den Vorteil hat, in viele Richtungen zu führen. Nach oben und nach unten geht an manchen Tagen eine Vielzahl an Reizvollem hindurch, an anderen Tagen nur spärlich.

Es kommt auch vor, dass man ganze Tage und Monate hin und her fährt, mit dem Elevador hinauf und mit dem Elevador hinunter, mit dem Trübsinn von Maschinen! Während man oben darauf wartet, in der Ferne die Bäume vom Aussichtspunkt São Pedro de Alcântara zu sehen, und unten darauf wartet zu sehen, wer kommt.

Der Krieg war schon in vollem Gange, aber das erschütterte die Passagiere des Elevadors nicht so sehr. Alle lebten ihr Leben weiter wie zuvor.

Man kann sogar sagen, dass an diesen Haltestellen der Krieg verzwungen aus den Schlagzeilen der Zeitungen und aus der Meinung von zwei, drei Freunden des Fahrers sprach.

Es wurde auch der eine oder andere Witz über eine Annexion und über Fallschirmspringer gerissen, er vertrieb am Nachmittag die Sorgen der Beamten und Labor-angestellten, von denen es hier in der Nähe so viele gab. Und so ging der Krieg weiter oder eher die Vorstellung, die sich ein jeder aus der Distanz davon machte.

Auch sein Lauf würde sich nicht durch irgendwelche Hypothesen oder hitzige Spekulationen verändern! Nicht einmal der Lauf eines Elevadors … Das heißt, das Schicksal des Volkes. Telegramme und Geschichten hatten weit weniger Einfluss auf unser Leben als die eindringlichen Reden des Wagenführers. Diese Stimme war unausweichlich und immer klar und deutlich, sie begleitete unseren Blutkreislauf.

Doch eines Tages kam eine dieser großgewachsenen Frauen, die die Welt auszuspucken schien – ohne Saft und Kraft, jedoch noch jung –, und setzte sich zwischen die anderen Passagiere. Sie hob den Blick nicht vom Boden und nahm ihre Umgebung wohl gar nicht wahr. Ein Geist in Gummistiefeln und hängendem Mantel. Bei ihrem Anblick dachten die ruhigen und zerstreuten Menschen wahrlich an den Krieg … Sie strahlte ein neues Elend mit nie gekannten Merkmalen aus! Sie vermittelte uns das Wissen um neue Zeiten, um ein fatales Erdbeben, insgeheim vorausgeahnt …

Kurz darauf boten die Cafés in Lissabon ganz andere Eindrücke des Krieges. Flüchtlinge mit Geld vertrieben sich dort ihre müßige Ungeduld, und wir alle lernten durch sie nie gekannte Schick kennen. Doch auch diese Menschen reisten weiter, angezogen von Amerika.

Erich Maria Remarque
Die Nacht von Lissabon

Ich starrte auf das Schiff. Es lag ein Stück vom Quai entfernt, grell beleuchtet, im Tejo. Obschon ich seit einer
Woche in Lissabon war, hatte ich mich noch immer nicht
an das sorglose Licht dieser Stadt gewöhnt. In den Ländern, aus denen ich kam, lagen die Städte nachts schwarz
da wie Kohlengruben, und eine Laterne in der Dunkelheit war gefährlicher als die Pest im Mittelalter. Ich kam
aus dem Europa des zwanzigsten Jahrhunderts.

Das Schiff war ein Passagierdampfer, der beladen wurde. Ich wusste, dass es am nächsten Abend abgehen sollte.
Im harten Schein der nackten elektrischen Birnen wurden Ladungen von Fleisch, Fisch, Konserven, Brot und
Gemüse verstaut, Arbeiter schleppten Gepäck an Bord,
und ein Kran schwang Kisten und Ballen so lautlos herauf, als wären sie ohne Gewicht. Das Schiff rüstete sich
zur Fahrt, als wäre es eine Arche zur Zeit der Sintflut.
Es *war* eine Arche. Jedes Schiff, das in diesen Monaten
des Jahres 1942 Europa verließ, war eine Arche. Der Berg
Ararat war Amerika, und die Flut stieg täglich. Sie hatte
Deutschland und Österreich seit langem überschwemmt
und stand tief in Polen und Prag; Amsterdam, Brüssel,
Kopenhagen, Oslo und Paris waren bereits in ihr unter-
gegangen, die Städte Italiens stanken nach ihr, und auch
Spanien war nicht mehr sicher. Die Küste Portugals war
die letzte Zuflucht geworden für die Flüchtlinge, denen
Gerechtigkeit, Freiheit und Toleranz mehr bedeuteten
als Heimat und Existenz. Wer von hier das gelobte Land
Amerika nicht erreichen konnte, war verloren. Er musste
verbluten im Gestrüpp der verweigerten Ein- und Aus-
reisevisa, der unerreichbaren Arbeits- und Aufenthalts-
bewilligungen, der Internierungslager, der Bürokratie,
der Einsamkeit, der Fremde und der entsetzlichen allgemeinen Gleichgültigkeit gegen das Schicksal des Einzelnen, die stets die Folge von Krieg, Angst und Not ist.

Der Mensch war um diese Zeit nichts mehr; ein gültiger Pass alles.

Ich war nachmittags im Casino von Estoril gewesen, um zu spielen. Ich besaß noch einen guten Anzug, und man hatte mich hineingelassen. Es war ein letzter, verzweifelter Versuch gewesen, das Schicksal zu bestechen. Unsere portugiesische Aufenthaltserlaubnis lief in wenigen Tagen ab, und Ruth und ich hatten keine anderen Visa. Das Schiff, das im Tejo lag, war das letzte, mit dem wir in Frankreich gehofft hatten, New York zu erreichen; aber es war seit Monaten ausverkauft, und uns hätten, außer der amerikanischen Einreiseerlaubnis, auch noch über dreihundert Dollar Fahrgeld gefehlt. Ich hatte versucht, wenigstens das Geld zu bekommen, in der einzigen Art, die hier noch möglich war – durch Spielen. Es war sinnlos gewesen, denn selbst wenn ich gewonnen hätte, hätte immer noch ein Wunder geschehen müssen, um auf das Schiff zu kommen. Doch auf der Flucht und in Verzweiflung und Gefahr lernt man, an Wunder zu glauben; sonst würde man nicht überleben. Ich hatte von den zweiundsechzig Dollar, die wir noch besessen hatten, sechsundfünfzig verloren.

Der Quai war in der späten Nacht ziemlich leer. Nach einer Weile bemerkte ich jedoch einen Mann, der ziellos hin und her ging, dann stehenblieb und ebenso zu dem Schiff hinüberstarrte wie ich. Ich nahm an, er sei auch einer der vielen Gestrandeten, und beachtete ihn nicht weiter, bis ich spürte, dass er mich beobachtete. Die Furcht vor der Polizei verlässt den Flüchtling nie, nicht einmal im Schlaf, auch wenn er nichts zu fürchten hat – deshalb drehte ich mich gelangweilt um und verließ langsam den Quai wie jemand, der vor nichts Angst zu haben braucht.

Kurz darauf hörte ich Schritte hinter mir. Ich ging weiter, ohne schneller zu werden, während ich überlegte, wie ich Ruth benachrichtigen könne, wenn ich verhaftet würde. Die pastellfarbenen Häuser, die am Ende des Quais wie Schmetterlinge in der Nacht schliefen, waren noch zu weit entfernt, als dass ich, ohne Gefahr, angeschossen zu werden, zu ihnen hätte hinüberlaufen können, um in den Gassen zu verschwinden.

Der Mann war jetzt neben mir. Er war etwas kleiner als ich. »Sind Sie Deutscher?«, fragte er auf Deutsch.

Ich schüttelte den Kopf und ging weiter.

»Österreicher?«

Ich antwortete nicht. Ich sah auf die pastellfarbenen Häuser, die viel zu langsam näherkamen. Ich wusste, dass es portugiesische Polizisten gab, die sehr gut Deutsch sprachen.

»Ich bin kein Polizist«, sagte der Mann.

Ich glaubte ihm nicht. Er war in Zivil, aber Gendarmen in Zivil hatten mich ein halbes Dutzend Mal festgenommen. Ich hatte zwar jetzt Ausweispapiere bei mir, die nicht schlecht gemacht waren, in Paris von einem Mathematikprofessor aus Prag, aber sie waren etwas gefälscht.

»Ich sah Sie, wie Sie das Schiff betrachteten«, sagte der Mann. »Deshalb dachte ich –«

Ich streifte ihn mit einem gleichgültigen Blick. Er sah nicht aus wie ein Polizist; aber der letzte Gendarm, der mich in Bordeaux erwischt hatte, hatte so erbarmungswürdig ausgesehen wie Lazarus nach drei Tagen im Grabe, und er war der unbarmherzigste von allen gewesen. Er hatte mich verhaftet, obschon er wusste, dass die deutschen Truppen in einem Tage in Bordeaux sein sollten, und ich wäre verloren gewesen, hätte mich ein barmherziger Gefängnisdirektor nicht ein paar Stunden später freigelassen.

»Möchten Sie nach New York?«, fragte der Mann.

Ich antwortete nicht. Ich brauchte nur noch zwanzig Meter, um ihn niederstoßen und entfliehen zu können, wenn es notwendig war.

»Hier sind zwei Fahrkarten für das Schiff, das drüben liegt«, sagte der Mann und griff in seine Tasche.

Ich sah die Scheine. Ich konnte sie im schwachen Licht nicht lesen. Aber wir waren jetzt weit genug gekommen. Ich konnte riskieren stehenzubleiben.

»Was soll das alles?«, fragte ich auf Portugiesisch. Ich kannte ein paar Worte davon.

»Sie können sie haben«, sagte der Mann. »Ich brauche sie nicht.«

»Sie brauchen sie nicht? Was heißt das?«

»Ich brauche sie nicht mehr.«

Ich starrte den Mann an. Ich begriff ihn nicht. Er schien tatsächlich kein Polizist zu sein. Um mich festzunehmen, hätte er solche ausgefallenen Tricks nicht nötig gehabt. Aber wenn die Fahrscheine echt waren, weshalb konnte er sie dann nicht gebrauchen? Und wozu bot er sie mir an? Um sie zu verkaufen? Etwas in mir begann zu zittern.

»Ich kann sie nicht kaufen«, sagte ich schließlich auf Deutsch. »Sie sind ein Vermögen wert. Es soll in Lissabon reiche Emigranten geben; die werden Ihnen dafür zahlen, was Sie verlangen. Sie sind an den Falschen gekommen. Ich habe kein Geld.«

»Ich will sie nicht verkaufen«, sagte der Mann.

Ich blickte wieder auf die Scheine. »Sind sie echt?«

Er reichte sie mir, ohne zu antworten. Sie knisterten in meinen Händen. Sie waren echt. Sie zu besitzen, war der Unterschied zwischen Untergang und Rettung. Selbst wenn ich sie nicht benutzen konnte, weil wir keine amerikanischen Visa hatten, konnte ich morgen Vormittag noch versuchen, daraufhin welche zu bekommen – oder ich konnte sie zumindest verkaufen. Das bedeutete sechs Monate mehr Leben. Ich verstand den Mann nicht.

»Ich verstehe Sie nicht«, sagte ich.

»Sie können sie haben«, erwiderte er. »Umsonst. Ich verlasse Lissabon morgen Vormittag. Ich habe nur eine Bedingung.«

Ich ließ die Hände sinken. Ich hatte gewusst, dass es nicht wahr sein konnte. »Was?«, fragte ich.

»Ich möchte diese Nacht nicht allein bleiben.«

»Sie wollen, dass wir zusammenbleiben?«

»Ja. Bis morgen früh.«

»Das ist alles?«

»Das ist alles.«

»Sonst nichts?«

»Sonst nichts.«

Ungläubig blickte ich den Mann an. Ich war zwar daran gewöhnt, dass Leute unserer Art manchmal zusammenbrachen; dass sie oft nicht allein bleiben konnten; dass sie die Platzangst von Menschen bekamen, für die nirgendwo mehr Platz ist; und dass ein Genosse in einer Nacht, sei er auch noch so fremd, einen vor dem Selbstmord bewahren konnte; aber es war dann selbstverständlich, dass man sich half, man setzte keine Preise dafür aus. Und nicht solche. »Wo wohnen Sie?«, fragte ich.

Er machte eine abwehrende Bewegung. »Dahin will ich nicht. Gibt es keine Kneipe, in der man noch sitzen kann?«

»Es gibt sicher noch welche.«

»Gibt es keine für Emigranten? So wie das Café de la Rose in Paris?«

Ich kannte das Café de la Rose. Ruth und ich hatten dort zwei Wochen geschlafen. Der Wirt erlaubte es einem, wenn man einen Kaffee bestellte. Man brachte ein paar Zeitungen mit und legte sich auf den Boden. Ich hatte nie auf den Tischen geschlafen; vom Fußboden konnte man nicht herunterfallen.

»Ich weiß keines«, erwiderte ich. Ich wusste eines; aber man führt einen Mann, der zwei Schiffskarten verschenken wollte, nicht dahin, wo Leute ein Auge hergegeben hätten, um sie zu bekommen.

»Ich kenne hier nur ein einziges Lokal«, sagte der Mann. »Aber wir können es versuchen. Vielleicht ist es noch offen.«

Er winkte ein einsames Taxi heran und sah mich an.

»Gut«, sagte ich.

Wir stiegen ein, und er nannte dem Chauffeur eine Adresse. Ich hätte gern Ruth noch benachrichtigt, dass ich die Nacht nicht zurückkäme; aber plötzlich, als ich in das schlecht riechende, dunkle Taxi einstieg, sprang mich eine so wilde, entsetzliche Hoffnung an, dass ich fast taumelte. Vielleicht war dies alles wirklich wahr; vielleicht war unser Leben noch nicht zu Ende, und das Unmögliche wurde Tatsache: unsere Rettung. Ich getraute mich nicht mehr, den Fremden auch nur eine Sekunde allein zu lassen.

Wir umfuhren die theatralische Kulisse der Praça do Comércio und kamen nach einiger Zeit in ein Gewirr von Treppen und Gassen, die aufwärts führten. Ich kannte diesen Teil Lissabons nicht; ich kannte, wie immer, hauptsächlich die Kirchen und die Museen – nicht weil ich Gott oder die Kunst so liebte, sondern einfach, weil man in Kirchen und Museen nicht nach seinen Papieren gefragt wurde. Vor dem Gekreuzigten und den Meistern der Kunst war man noch Mensch – nicht ein Individuum mit zweifelhaften Ausweisen.

Wir verließen das Taxi und stiegen die Treppen und winkligen Gassen empor. Es roch nach Fisch, Knoblauch, Nachtblumen, toter Sonne und Schlaf. Das Castelo de São Jorge wuchs im steigenden Mond zur Seite aus der Nacht, und das Licht stürzte wie ein Wasserfall in Kaskaden die vielen Stufen hinab. Ich wandte mich um und sah zum Hafen hinunter. Da unten war der Fluss, und der Fluss war die Freiheit, er war das Leben, er mündete in das Meer, und das Meer war Amerika.

Maria Isabel Barreno
Lissabon durch die Jahrhunderte

Es gab Händler für so ziemlich alles: Fischverkäuferinnen mit dem Korb auf dem Kopf, zugedeckt mit einem
Wachstuch; Karren mit Obst und Gemüse; es gab sogar
einen Petroleumwagen, die Frau mit den Saubohnen, den
Optiker und den Mann mit den Kaninchenfellen. Manche verkauften nicht nur, sie kauften auch an in jener Zeit,
in der man Schnüre und auch Papier in einer Schachtel
in der Speisekammer aufbewahrte, in jener Zeit, in der
fast alles Geld wert war, so wenig es auch hergab, und
auf jeden Fall einen Gebrauchswert hatte. Der Mann
mit den Kaninchenfellen – er kaufte frisch abgezogene
Häute und verkaufte gegerbte –, der Alteisenmann, der
Lumpenhändler, der Flaschensammler, jeder hatte seinen speziellen Ruf, eine Art lautliches Logo von damals,
und eine bestimmte Uhrzeit, zu der er kam.

Die Frau mit den Saubohnen war gegen acht oder halb
neun Uhr die Erste. Nach und nach folgten Fisch, Obst,
Gemüse. Der Petroleumwagen, der Alteisenmann, der
Kaninchenfellhändler, sie kamen am Nachmittag. Wenn
es nicht regnete, kam dieser um drei Uhr; sein langgezo-
gener Ruf blieb für immer mit der sonnigen Trägheit am
Frühnachmittag verbunden, eine Einladung zum Mit-
tagsschläfchen. Der Augenoptiker kam unregelmäßig;
sicherlich pausierte er ein wenig, damit die Augen während seiner Abwesenheit wieder müde werden konnten.
Die Leute probierten die Brillen direkt auf der Straße aus,
der Optiker hielt ihnen eine Zeitung hin, um den Sehtest
abzuschließen.

In den Wohnungen schickten die Damen ihre Hausmädchen ans Fenster, um nach dem Preis zu fragen und
die Ware zu begutachten. Sie machten: »Pst, pst! Komm
her«, sie winkten den Händlern zu und beurteilten laut
die Auslagen. Die Damen hörten im Hintergrund zu
und nickten. Dann schickten sie das Mädchen mit dem

Henkelkorb hinunter. Ich glaube, heute gibt es gar keine Henkelkörbe mehr, es gab zwei verschiedene Formen: einen runden für Fisch, einen rechteckigen für die anderen Lebensmittel. Das Mädchen zog den schmutzigen Arbeitsschurz aus und die weiße Ausgehschürze an.

In eher volkstümlichen Häusern wurden die Körbe mit einer Schnur am Henkel hinuntergelassen und wieder heraufgezogen. Aufzüge gab es nicht; die Anstrengung, zwei, drei Etagen zu Fuß hinab- und wieder hinaufzusteigen, war für alle gleich; daher wohnten im ersten Stockwerk jene, die sich mehr Muße im Leben leisten konnten und sich weniger Mühe machen mussten; es war das teuerste Stockwerk. Doch das gemeine Volk hatte kein Zugehmädchen, die Hausfrauen mussten beim Treppensteigen Zeit und Kraft sparen. Und dann kamen sie auch noch im Morgenrock ans Fenster, schätzten Stichlinge und Mangold-Bündel ab – was die besser gestellten Damen mit Verachtung sahen.

Da waren Streifenpolizisten, die keine Streife gingen. Normalerweise standen sie lange an einer Ecke herum, dann gingen sie zur nächsten weiter. Meist waren es immer dieselben Polizisten. Sie rauchten heimlich – es war verboten, sie waren im Dienst – und poussierten verstohlen mit den Hausmädchen.

Der Polizist und das Hausmädchen oder, besser noch, der junge Rekrut und das Hausmädchen sind Teil der Galerie romantischer Paare unseres geliebten Portugal. Kein Zweifel: Wir haben König Dom Pedro und seine Geliebte Dona Inês, dann Camões und seine Frauen – darunter die, derentwegen er nach Macau verbannt wurde, und in diesem Fall ist das schwimmende Abenteuer noch romantischer als die eigentlichen Liebschaften –, und wir haben den Soldaten und das Hausmädchen. Es war so: Beide kamen sie vom Dorf, er aus Roupa Branca da Serra, sie aus Roupa Branca do Vale, sie fühlten sich bedroht hier in der ›großen Stadt‹ und trafen sich aus einem glücklichen Zufall in irgendeinem Stadtviertel, sie mit dem Korb, er mit großen Augen. Oder auch: Glücklicherweise trafen sich der Soldat und das Hausmädchen, ein kaum bedeutender Zufall, zumal man sich ständig traf, selbst in der Baixa, umso mehr in den Vierteln am damaligen Stadtrand.

Wir sahen uns alle ständig, es war unvermeidlich. Die ständige und vollständige Sichtbarkeit der Bewohner, das Gefühl, die Stadt sei eine feststehende Bühne, war vielleicht das hervorstechendste Merkmal des Lissabon von früher.

Alte Frauen beobachteten am Fenster hinter dem Vorhang, wer durch die Straße ging, die Pförtnersfrauen beobachteten, wer im Haus hinauf- und hinabging, die PIDE beobachtete, wer durch die Straße ging, wer im Haus hinauf- und hinabging und wer kam und ging.

In jenen Zeiten, als es noch kein Fernsehen gab, war es ein beliebter Zeitvertreib der einfachen Leute, am Fenster zu stehen und zu sehen, wer vorbeikam – nicht nur der Frauen am Nachmittag, wenn die Küche nach dem Mittagessen aufgeräumt war und das Abendessen noch warten konnte –, sondern auch der Männer. Sie kamen von der Arbeit und stellten sich im Unterhemd oder im Schlafanzugoberteil ans Fenster, um die gute Ausgehkleidung zu schonen. Es sei noch einmal betont: ein beliebter Zeitvertreib des Volkes – die feinen Herrschaften verabscheuten diese ausufernde Neugierde, diese Indiskretion; sie hatten andere Paraden, andere Zurschaustellungen, andere Possen. Heute würde niemand mehr im Theater mit einem Opernglas aus Gold und Elfenbein lauern. Diese Nähe nützte sehr viel, und sie zerstörte sehr viel.

Kommen wir auf den jungen Soldaten und das Hausmädchen zurück. Mitunter führte er sie an der Nase herum – das ist die populäre Version auf der Lieferantentreppe, das heißt, er konnte die Kleine dazu bringen, ihre Jungfräulichkeit ohne Hochzeit zu verlieren. Oder er heiratete sie, das ist die Version in den portugiesischen Filmen von damals, und so konnte die ländliche Lauterkeit, die tiefste Seele des ›guten portugiesischen Volkes‹ (von dem in jener Zeit so viel die Rede war) die Gefahren und sündigen Verlockungen der Großstadt besiegen und überwinden.

Neben diesem Kapitel der portugiesischen Literaturgeschichte, das mehr oder minder von der Romantik des 19. Jahrhunderts bis zur Hochzeit des Estado Novo in den Fünfzigerjahren reichte, spielten die Küchenmädchen auch noch andere unverhoffte, grandiose Rollen: Sie schüttelten die Staubtücher am Fenster aus, was streng verboten war.

Männer konnten in aller Ruhe auf den Boden spucken, und man konnte, wenn man auf der Straße lief, auch wegwerfen, was man wollte, aber Abfall aus dem privaten in den öffentlichen Raum zu schütten, das ging auf gar keinen Fall. Man darf nicht vergessen, dass die Straße damals gänzlich den Männern gehörte, die vier Wände waren für die Frauen bestimmt.

Die Hausmädchen öffneten das Fenster, schauten, wie weit der Gesetzesvertreter entfernt war, schüttelten schnell ihr Tuch aus und schlossen das Fenster wieder.

Einige trieben es sogar so weit, dass sie das Staubtuch direkt auf den Rücken der Polizei ausschüttelten. Der Beamte stand an seiner Ecke, festgenagelt wie ein Laternenpfahl, und das Mädchen war es müde zu warten, bis er sich woanders hinbewegte, denn das warf sie in ihrem Arbeitspensum zurück. Das Fenster hinter seinem Rücken ging also auf, auch im Parterre, man hörte ein flatterndes Tuch, der Polizist drehte sich so schnell um, wie es ihm seine Übung und seine Erfahrung erlaubten, und sah sich einem bereits wieder geschlossenen Fenster gegenüber. Ich möchte nicht nur der schnellen, flüchtigen Bewegung Ehre zollen, sondern auch der Widerspenstigkeit, dieser kollektiven Demonstration der Widerspenstigkeit. Trägerinnen stummer Revolten, Alltagsrevolten, zu denen das Volk und die Bürger von damals fähig waren; die durchtriebenen Hausmädchen waren nicht allzu schüchtern, sie schwenkten das Staubtuch wie eine verkannte Fahne.

Hausmädchen nahmen eine Schlüsselstellung ein. In der Regel hatten sie jeden zweiten Sonntagnachmittag

Ausgang, in liberalen Haushalten wöchentlich, feste Arbeitszeiten gab es nicht. Von den ›liebestollen‹ Männern, den Weiberhelden, wurden sie benutzt und ausgenutzt, sie schliefen in Kammern, das Badezimmer der Herrschaft durften sie nicht benutzen. Ausbeutung ja, das ist bekannt. Randständig waren sie auch, die Emigrantinnen vom Lande, die vor der Armut der Steine und der Heide in die Städte und deren Gepflogenheiten flohen. Sie waren Zielscheibe von Spott und Verachtung; Hausmädchen bedeutete so viel wie Paria, es war die unterste Stufe auf der gesellschaftlichen Leiter. Doch die Verachtung für die Hausmädchen galt auch der Welt der Frauen, dem Privatleben, dem Heim, dem heiligen Schoß der Familie – alles, was im damaligen ideologisch-politischen Sprachgebrauch so hochgehalten wurde, wurde in Wahrheit geringgeschätzt. So nahmen die Hausmädchen eine Schlüsselstellung ein, indem sie mit ihrer Staubtuchrevolte bekräftigten, dass auch Hausstaub das Recht hatte, öffentlich gezeigt zu werden. Sie führten zarte weibliche Revolten aus, zerbrechliche Manifestationen zwischen den Räumen, eine sensibel ausgehandelte Kommunikation zwischen den Klassen. Es gab das althergebrachte Hausmädchen, das geschätzt und wie ein Familienmitglied, wie eine arme Verwandte behandelt wurde. Und die Hausmädchen sangen. In den Hinterhöfen hörte man portugiesische Schlager aus dem Kino, dem Radio, aus Revuen, vermischt mit Volksliedern aus dem Norden, der Landesmitte, dem Süden, ein »Wenn du singst, singe ich auch« definierte eine lautliche Privatsphäre. Denn trotz Ausbeutung, trotz Randständigkeit und all der anderen perversen gesellschaftlichen und privaten Gefühle, denen sie ausgesetzt waren, und trotzdem man sie als semiotische Stütze institutioneller Macht, als Stütze einer sprachlichen Ideologie gebrauchte, bewahrten sie sich die – unbedeutende – ursprüngliche Reinheit ihres Verhaltens, ihrer Lieder und blieben hinter all den missbräuchlichen Worten unbestechlich. Wie ein unausrottbarer Mythos.

Durch diesen Tunnel des Unsagbaren, der Laute, Gerüche und Geschmäcker fühlten sich die Kinder den Hausmädchen so nah. Auch sie lebten in einer unterjochten Welt undifferenzierter Kasuistik, ohne jede Macht. Die Küche zog sie an – ein Ort, wo etwas los war. Im Übrigen war die Küche oft der einzige warme Raum im Haus, in diesem Lissabon, dessen Bürgertum spartanisch lebte, fest von unserem milden Klima überzeugt war und Heizungen ablehnte, weil es sie für Verschwendung und einen Herd der Verweichlichung der Tugenden der Nation hielt; als einzige Abweichung von dieser goldenen Regel duldete es ein bescheidenes Kohlenbecken zu Füßen der Ältesten, die bereits von Todesschauern heimgesucht wurden. Kinder und Hausmädchen vereinigten sich in Liedern und Lachen und im langsamen Kneten des Kuchenteigs.

So war Lissabon. Ein Zentrum, die Baixa, die sich für kosmopolitisch hielt, und ein paar mehr oder weniger außerhalb gelegene Viertel, die im Allgemeinen durch eine einzige Straße mit der Stadtmitte verbunden waren, eine Nabelschnur mit gemächlich rumpelnder Straßenbahn. Lissabon hatte weiche Tentakel mit Dörfern an den Spitzen – abgeschlossene Viertel, wo jeder jeden kannte, mit einem Eigenleben, eigenen Händlerrufen, einem eigenen Tratsch unter Nachbarn. Zwischen diesen Dörfern gab es nur spärlichen oder gar keinen Kontakt, es war eine mühselige Reise von einem Dorf zum anderen, immer mit der obligatorischen Durchfahrt durchs Zentrum oder nahe daran vorbei. Auch diese Viertel, all diese Viertel waren wichtige Stützen der institutionellen Macht, der hypostasierten Ländlichkeit, der ländlichen Zentralisierung.

Die behäbigen Straßenbahnen gaben auch den Takt und die Organisation der akzeptablen Bewegungen an. Noch heute gibt es unzählige Spuren dieses langsamen Rhythmus. Denn im Lissabon von früher war das Tempo dasselbe, nur mit weniger Autos. Die Baixa tat so, als wäre sie emsig, aber die ganze Stadt war träge. Und in jener Zeit gaben die Straßenbahnen den Takt an, sie prägten immer den langsamen Kreislauf der Stadt. Man genoss die Fahrt wie einen Spaziergang, wenn möglich mit offenen Fenstern, am besten in einem ganz offenen Waggon. Diese offenen Straßenbahnen mit Bänken, die über die ganze Länge liefen, und einem abgenutzten Trittbrett, diese Wagen, wo der Schaffner entlangging, verliehen dem Verkehr in Lissabon einen Hauch von immerwährendem Rummel.

Und man musste geschickt sein. Musste in die fahrende Straßenbahn ein- und aussteigen. Nicht nur junge Burschen, Abenteurer und Leichtsinnige taten es – Männer jeden Alters, Dicke und Dünne, Männer im Arbeitsoverall und Männer im feinen Anzug mit Krawatte. Es war ein Nationalsport für Männer.

So war Lissabon: ein Rhythmus, verschiedene Personen, ein paar Geschicklichkeiten. Alles an einem Ort, der sich nicht ausbreitete wie ein Spiegelei, sondern wie ein Seestern. Wer im Lissabon von damals aufwuchs, hatte eine glückliche Kindheit. Die kindlichen Bedürfnisse konnten befriedigt werden, sie entsprachen fast zur Gänze diesem so klingenden, duftenden Ort.

Später, als wir groß wurden, wir und Lissabon, träumten wir von Veränderungen. Von Fortschritt, von politischen Veränderungen. Man konnte sich sogar vorstellen, dass an demselben, diesem so liebevollen, trägen Ort, der so sehr in die Träume und Ideen seiner Zeit passte, andere Freiheiten möglich wären. Inzwischen hatte sich nach und nach einiges Misstrauen eingeschlichen; das war der schmerzhafte Prozess des Großwerdens. Dann entdeckten wir, dass der so geliebte Ort unserer Kindheit voller schmutziger Geheimnisse war, voller Armut und Elend, Verfolgungen und Grausamkeiten der Diktatur. Frauen kamen leicht ›vom Weg‹ ab, Männer weniger und aus anderen Gründen, man erging sich in Trauer und Starre, der Fado korrumpierte die Realität, indem er den schmerzlich durchlittenen Alltag abstrakt und banal machte. Es war, als würde man unter dem glänzenden Satin und dem Flitterkram der Gaukler den Hunger entdecken; diese ausgezehrten Freiberufler von damals gab es in Lissabon noch reichlich.

Wir gingen oder blieben, viele von uns, voller Philosophien, politischer Ideen, guter Vorsätze und Rettungspläne. Für uns, die wir in Lissabon aufgewachsen sind und gesehen haben, wie die Stadt anschwoll und sich veränderte, gab es einen Augenblick, in dem die Maschen ihres Netzes weit wurden und der Stoff zu reißen schien. In diesem Moment verloren wir die Hoffnung.

Die Veränderungen kamen. Heute ist die Stadt voller missmutiger Leute und Zusammenstöße. Es wurden Verbindungswege zwischen den Dörfern an den Spitzen der Tentakel Lissabons hergestellt, einige dieser ehemaligen Dörfchen bildeten selbst Tentakel aus. Es gibt Freiheit und Stress – nicht weil die Stadt in Eile wäre, ganz im Gegenteil. Es in Lissabon eilig zu haben ist noch immer eine Sünde. Die alte Muße hat heutzutage neue Offizianten: Die Stadt ist nun voll von diesen allgegenwärtigen Getränkelastern – Bier, Limonade, Mineralwasser, was auch immer –, die den Verkehr behindern, auf Straßenbahngleisen halten, nicht dort parken, wo es gerade passt, sondern wo sie den Stadtverkehr am meisten durcheinanderbringen. Wenn jemand des endlosen Wartens und des saumseligen Ausladens der Kisten, verbunden mit einem Schwätzchen und sprühenden Witzen zwischen Kneipenwirt oder Kaffeehausbesitzer und dem Lieferanten, müde wird, wenn jemand es wagt, ungeduldig zu hupen, knurrt ihn der sonst so gelassene Getränkelieferant an: »Du hast es wohl sehr eilig, was?« Der Satz wird mit einem abgrundtiefen Hass auf alle Eiligen, mit einer greifbaren Verdammung aller Hast ausgesprochen. Die Passanten auf dem Gehweg stimmen zu, lachen, steuern ihre eigenen Überlegungen bei über die Dummheit, es eilig zu haben. Sogar einige Autofahrer nicken zustimmend, selbst wenn sie schon halb gebraten sind von der gleißenden Sonne oder rot im Gesicht und halb erstickt vom permanenten Einatmen der Abgase, besonders der schwarzen Auspuffwolken öffentlicher Busse: Eile, wo-zu?, so ein Unsinn, man wird eh nie mit der Arbeit fertig, es lohnt sich also nicht, sich bei der Arbeit zu sputen.

Die Getränkelieferanten repräsentieren vielleicht genauso wie die Hausmädchen von früher den zentralen Punkt der Symbolik der Stadt: Sie stehen für den verlängerten Schlaf, den Traum, der nicht geträumt wurde, der sich nicht erfüllt hat. In Lissabon verlieren die Leute den Mut, sie haben Depressionen und verzichten darauf, Freunde zu besuchen, denn sie verkehren in alten Träumen, in ungelösten Konflikten, zwischen ständigen Löchern im Pflaster und in ihrer Existenz, mit einer ausgebreiteten Karte, die alle zur selben Zeit durch dieselbe Straße an denselben Ort schickt. Man blickt sich nicht mehr an, denn wir sind alle gleich und es gibt nichts mehr zu sehen. Wir sind füreinander unsichtbar geworden, zum Guten wie zum Schlechten, im Leben wie im Tod.

Die Semiotik des heutigen Raums ist schrecklich. Sie erzählt uns die intimsten, die unlösbarsten Unglücke. Man kann allen Hausstaub auf die Straße schütteln und ihn zeigen; es ist nicht akzeptiert, aber auch nicht verboten, es ist egal, es geht in der Masse unter.

Nostalgie hilft indes nicht weiter; sie ist dumm, ignorant, ein Ausdruck des Unverständnisses für dieses ganze System, das die Stadt in jedem Augenblick ist, die Stadt mit ihren Gebäuden, ihrem Verkehr, ihren politischen Signalen. Und hinter den Worten und Gedanken geht das einzigartige und unberührte Leben eines jeden bejahend weiter, wenn auch das kollektive Lernen wenig erfolgreich ist, weil das Leben, vielleicht unabänderlich, unsäglich ist. Dieses Geheimnis eines jeden ist das einzige Bollwerk der Hoffnung, der Rettung. Man darf nicht vergessen, dass im Wörterbuch von vor zwanzig, dreißig Jahren ›Semiotik‹ vor allem die Kunst war, Truppen mittels Zeichen zu führen; erst später merkte man, wie sich diese verschleierten Absichten, diese Truppenführung auf alles ausgedehnt hat.

Die Straßen füllen sich mit Jubel. Aus den Körpern weicht die Angst. Fremde drücken sich die Hände. Lächeln und Nelken, die man sich gegenseitig schenkt, prägen dieser silbernen Stunde das Zeichen der Freiheit auf – bevor sie es sich anders überlegt … Üppig wogen die Brüste der Frauen vor den betörten Augen der Soldaten. Aus deren verdutzten Gesichtern spricht die Verblüffung von Kindern, die eine Schachtel mit Spielzeug öffnen – und dann springt plötzlich ein Riesending heraus, das größer ist als sie selbst und ihnen den Kopf verdreht. Sie können nicht begreifen, warum die Frauen sie mit einem Meer aus Blumen überschütten. Sie stecken sie in die Läufe der Maschinenpistolen, aus denen kein einziger Schuss abgefeuert wurde, und mischen sich in den Trubel, benommen von einem Schwall Hochrufen, der sie mitreißt, ohne dass sie wissen würden, warum. Die Aufregung der Menschen in den Straßen ähnelt einem gefesselten Tier, das in der Dunkelheit jahrhundertelang die Freiheit gewittert hat. Und nun ergießt sie sich mit aller Macht über die Stadt.

Zerzaust vom Nelkenwind führt uns Delacroix' Libertas durch Straßen voller übermütiger Menschen, die uns Girlanden aus Lächeln und Liedern zuwerfen. Lasst uns trinken! Lasst die Korken knallen!

Im Botequim erwarten uns weitere Freunde. Genau dorthin zogen wir, um das Fest zu feiern, das uns durch Zeichen und Meldungen verheißen war, die in letzter Zeit in dieses unser nächtliches Fluchtnest geflossen waren. Mário hat eine portugiesische Fahne mitgebracht. Wir hängen sie an die Bar und schmettern aus tiefstem Herzen die Nationalhymne, so inbrünstig wie noch nie. Danach Lieder und Weisen, die wir lebend aus der Gruft der Verbote ausgraben.

Wir sind erschöpft. Seit dem frühen Morgen des 25. April, als wir von den berauschenden Klängen der Freiheit jäh geweckt worden sind, haben wir praktisch nicht geschlafen. Gespannt wegen der letzten Neuigkeiten, die den Triumph unserer alten Sehnsüchte bekräftigen, wachen wir Tag und Nacht über die Frohe Botschaft, auf dass nicht irgendein düsterer Unglückswind aufkäme. Die Müdigkeit macht uns trunken. Sie ist eine federleichte Wolke, in der wir in einer orgastischen Osmose miteinander verschmelzen.

Doch bald bricht der neue Tag an. Und die Angestellten vertreiben uns mit müden Blicken. Für sie ist die Revolution bereits ein offener Raum, in dem sie endlich gemeinsam für ihre Rechte kämpfen können, gestärkt durch eine effektive Gewerkschaftsarbeit, die ihnen bislang versagt war. Sie können die Zeitlosigkeit unseres Überschwangs nicht nachempfinden, in dem sich Seelisches, Körperliches und Geistiges ausbreitet, das uns geraubt worden war. Mit fordernder Miene und einem deutlichen »Es reicht jetzt« servieren sie uns die letzten Getränke. Die Glut des rauschenden Festes erlischt. Wir verlassen das Lokal. Morgentautröpfchen überziehen den Jardim da Graça mit silbernem Glanz. Und kurz vor dem Abschied erinnere ich mich, dass ein gewisser Jemand nicht beim Fest war. Seine Abwesenheit machte es unvollkommen. Camões. Ja, bringen wir die Frohe Botschaft zu dem großen Sprachkünstler, der erstickt wurde und nun in Freiheit wieder zum Leben erwacht. Wir steigen in die Autos, und kurz darauf stehen wir im Kreis um die Statue des Dichters. Das Morgenrot überzieht sie mit malvenfarbenen Tönen. Zu Füßen legen wir ihm die Nelken, die wir von der Revolution im Zeichen der Blumen noch in Händen hielten.

Es hatte eine Revolution gegeben. Auf dem Viadukt waren die Buchstaben aus den Büchern herausgetreten und hatten sich voller Feuer über die Stadt geworfen, das Wasser war verschwunden. Da sie nicht mehr zwischen dem Fluss und der Straße zu unterscheiden vermochten, hatten die Buchstaben abermals die Stadt überfallen, und sie waren so zahlreich, dass die Erde hüpfte, und da begriff man, dass es sich um ein Buchstabenbeben handelte, und die erschrockenen Leute wollten aufs Land fliehen, aber auf den Autobahnen waren dermaßen viele Buchstaben, dass niemand mehr begriff, wohin sie wollten oder wo man abbiegen konnte, und die Leute stießen sich gegenseitig nieder und begruben sich in Tinte, während sie verzweifelt versuchten sich zu erinnern

António Lobo Antunes
Die natürliche Ordnung der Dinge

In der Villa, in die sie mich nach dem Tod meiner Patin
brachten, gab es keine alten Leute, die einander hassten,
keinen Nippes aus Zinn oder Stapel alter Zeitschriften.
Sie lag an der Nummer drei der Calçada do Tojal, einer
steilen Straße, die sich damals zwischen Landgütern und
Bienenkörben verlor (Bienengesumm lag in der Luft,
und der Tag bewölkte sich mit Flügeln), und die Zweige
der Glyzinien, die über die brüchige Mauer quollen, be-
rührten den Fußweg mit ihren Dolden. Dreißig oder
vierzig Meter weiter erhob sich die Palme bei der Post,
und noch etwas weiter in Richtung des Tores von Benfica (ein paar Spielzeugburgen, die durch von der Zeit
zerfressene Wachtürmchen gekrönt wurden) lag die Villa, in der ein bärtiger Mann Geige spielte und dabei das
Instrument zu grausamem Gejaule zersägte. Vor einigen
Monaten habe ich an irgendeinem Feiertag am Arco do
Cego vor dem geschlossenen Kino, hinter dessen Eisengitter das Zuschauerparkett zerfällt, einen Autobus in
meine Kindheit genommen und bin durch unbekannte,
von gleich aussehenden, undurchsichtigen Gebäuden ge-
säumte Straßen gereist, unter denen ich nicht eine einzige
bekannte Fassade ausmachen konnte, um dann in einem
Stadtteil voller Friseursalons und Zahnarztpraxen auszu-
steigen, an dessen Straßenecken ich mich nicht mehr zu-
rechtfand. Ich habe weder die Palme noch die Glyzinien-
mauer wiedergefunden, das Bienensummen verdunkelte
den Himmel nicht mehr, zehnstöckige Häuser hatten die
Landgüter verschluckt oder waren aus den Erdbeerpflan-
zen und den vom blauen Schleim der Schnecken versilberten Kohlköpfen gewachsen. Ich entdeckte, nachdem
ich kilometerweit um Elektrokabelfirmen herumge-
wandert war, ein an die Wand neben dem Laden einer
Damenschneiderin geschraubtes Schild, das Calçada do
Tojal verkündete, und dennoch, Iolanda, nicht einmal die

Steigung gab es mehr, sie war von riesenhaften Baggern planiert worden: nur verglaste Balkons, Rollläden und Fensterrahmen aus Aluminium und ein alter Mann, der einen kleinen Hund ausführte, der ein Bein zu den Autos am Platz hob. Ich fuhr deshalb zum Kino am Largo do Cego zurück, fühlte mich wie ein Mann ohne Vergangenheit, der als Vierzigjähriger auf einer Sitzbank im Bus geboren wurde und sich selbst die Familie ausdachte, die er nie gehabt hatte in einem Teil der Stadt, den es niemals gegeben hatte. Und daher hatte ich zum Beispiel gestern, als ich dir von meinen Tanten erzählte, das unangenehme Gefühl, dich zu belügen, als ich aus der Verwandten- und Stimmenleere meines verflossenen Lebens heraus zusammenhanglose Handlungen erfand. Und ich sank, von einem Schreckensschwindel erfasst, aufs Kopfkissen, schämte mich meiner, als ich die Sätze hörte, die du im Gespräch mit einer Realität, die mir nicht gehört, in die Betttücher hauchtest.

Wie dem auch sei, Iolanda, das Haus in der Calçada do Tojal, das ich in der Erinnerung bewahre, während ich nachts in Alcântara zittere, an diesem Fluss, den ich hasse, war ein dreistöckiges Wohnhaus hinter einem Tor aus Lanzen und einem Stückchen Rasen mit Büschen, mit sich hin und her bewegenden speerförmigen kleinen Stempeln, und es war an seiner rückwärtigen Seite mit einer Voliere, mit schmiedeeisernen Arabesken in Lotosform versehen, in der ein Fuchs mit leidvollem Blick in namenlos unruhiger Kümmernis umhertrottete. Viele Jahre vor meiner Geburt hatten die Besitzer das Haus in zwei Teile aufgeteilt: Die Familie meiner Mutter wohnte auf der linken Seite, die zur Palme bei der Post gewandt war, und die rechte Seite wurde von einem kinderreichen Zauberkünstler bewohnt, der seine bereits halbwüchsige Nachkommenschaft mit einem Fingerschnippen aus dem Zylinder gezogen hatte. Im August brach der Künstler, im Frack und mit falschen Orden an der Brust, mit einem Zirkus zur Tournee durch die Provinz auf, und ich staunte, als ich auf der Calçada einen Zug von bunten

Wohnwagen sah, von Käfigen, aus denen Giraffenhälse ragten und Löwengebrüll erschallte, von Jongleuren, die litzenbesetzte Bälle in die Luft warfen, und von Clowns, die mir mit endlosen Handschuhfingern zuwinkten. Die Frau des Zauberers kam, von Kindern umringt, beim Klang eines Paso doble des Zirkusorchesters zur Mauer, um sich zu verabschieden, und während der Abwesenheit des Zauberers kamen immer mehr Kinder zur Welt, deren Geburt von einem Trommelwirbel untermalt wurde und die aus dem Mutterleib stiegen, um sich zu Fuß, das Einmaleins unter der Achsel, auf den Weg zur Schule zu machen.

Ich habe das Haus des Zauberers nie besucht, Iolanda, das ganz gewiss voll mit Sternchen überzogenen Kästen war, in denen elegante Damen eingeschlossen wurden, die nach einigen mesmerisierenden Finten aus einem danebenstehenden Kasten krabbelten, voll von Zeitungsseiten, die, zu einem Kegel zusammengerollt, alle Fahnen der Welt enthielten, und von Seilen, deren Knoten sich auf eine Handbewegung hin lösten. Das Zusammenleben mit dem Übernatürlichen jagte mir Schrecken ein, und wenn ich allein war, glaubte ich durch die Holzwand hindurch, die die beiden Hälften des Gebäudes voneinander trennte, einen teuflischen Schwefelgeruch zu spüren und den Applaus eines Publikums zu hören, das von irgendeinem Trick überwältigt war, dessen Geheimnis den schlüpfrigen, gefährlichen Saum des Wunders oder der Sünde berührte. Deshalb fühlte ich mich auf der Seite wohler, die die Familie meiner Mutter bewohnte, Zimmer über Zimmer in trockenem Halbschatten, bevölkert von Porträts von Militärs, von Drucken, die galoppierende Pferde darstellten, und Uhren mit Kupferpendeln, die unregelmäßig die Stunden schlugen, als humpelte die Zeit vor Müdigkeit über die ziselierten Zifferblätter.

Was mich anfangs in der Calçada do Tojal beeindruckte, war das Fehlen des Meeres, das vom Geräusch der Bäume und der Kletterpflanzen ersetzt wurde, die die Schellen ihrer Blütenblätter klirren ließen. Eine Stille, die nach Siamkatzen und nach Spitzendeckchen roch, stand in den Korridoren, stieg vom Wasser in den Vasen auf, das niemand wechselte, und Lichtstreifen schienen unter den Türen hindurch und machten die Muster auf dem Läufer im ersten Stock sichtbar, in dem die Schlafzimmer lagen, ein jedes mit seiner Spiegelkommode und einem Geruch nach Keksen und Lindenblüten. In der Mitte des Korridors gab es eine Treppe, die zum oberen Stockwerk führte, zu dem ich nicht hinaufsteigen durfte, und die Helligkeit des Erdgeschosses erstarb auf den Stufen in diffusen Staubwolken.

Hier in Alcântara, Iolanda, weit entfernt von der Palme bei der Post und den Gärten, die, durch Bretterpalisaden voneinander getrennt, zum Friedhof kletterten, verhindern die Größe der Fenster und der Atem des Flusses, dass die Schatten ihre Drohungen, ihre Geheimnisse und ihr Geraune in den Zimmern einnisten, die auf das Hochwasser warten, um zur Hafeneinfahrt hinunterzugleiten. Doch in dem auf der entgegengesetzten Seite liegenden Teil der Stadt, in dem die Schornsteine der Villen die einzig möglichen Masten waren und sich nur die Stangenbohnen, die der Appetit der Eidechsen verschwinden ließ, in kleinen häuslichen Wellen kräuselten, erschien mir alles riesig und seltsam dicht, fast wie bei Überraschungen und im Traum. Zumindest ist dies, meine Liebste, vierzig Jahre später die Erinnerung an mein Leben, jetzt, da ich erwachsen bin, Falten bekommen habe und mein Mund über deinen Nacken streicht, ohne einen Kuss zu wagen, jetzt, da meine Hände deine Taille umfangen und ich deine Rippen fühle, die sich, deinem Atem folgend, dehnen und zusammenziehen wie die von den Muskeln zusammengehaltenen Stäbe eines Fächers. So erinnere ich mich an mein Leben im Haus der Familie meiner Mutter mit meinen Tanten, meinem Onkel und den Porträts der Militärs mit Reitgerte und Sporen über den Konsoltischchen, die mich mit einer Strenge anstarrten, die zu mildern die Lüster sich zur Aufgabe gemacht hatten. Nach dem Abendessen nahm mich mein

Onkel immer in die Konditorei gegenüber der Kirche mit, und ich hörte zu, ein Glas Limonade in der Hand, wie er sich mit der Bronchitis der Freunde unterhielt, die zwischen Kaffeeschlucken ihre Lungen ins Taschentuch spuckten. Die Bierfässer stießen Seufzer aus, in denen der Gasdruck blubberte. Eine Gruppe geschminkter Damen mit falschen Perlohrringen rückte, um eine Teekanne versammelt, ihre Haarsträhnen zurecht, und mein Onkel zwinkerte ihnen zu, die Zigarre im Mund, und plusterte sich in seiner weiten Weste auf wie ein Täuberich. Wir verließen die Konditorei schließlich und folgten der Spur ihres Parfüms, und einmal setzte sich eine, die mit einem Veterinär, der in Santarém arbeitete, verheiratet war, von den anderen ab und spazierte langsam an den Kurzwarenläden und Bäckereien der Estrada de Benfica entlang, während ihre Absätze uns wie Nägel in die verzückte Brust schlugen. Die Zigarre meines Onkels war wie eine Harpune auf ihre Hinterbacken gerichtet, sein Ellenbogen hörte nicht auf, mir die Nieren zu malträtieren, und ich glaube, ich übertreibe nicht, Iolanda, wenn ich sage, dass man von der Calçada do Tojal her den Paso doble des Zirkusorchesters hörte und das Gelächter der Clowns, die aus ihren Wohnwagen den Zauberer riefen, um mit ihren traurigen Giraffen und ihren Plüschlöwen aufzubrechen und in vergessenen Dörfern die Segeltuchkuppel aufzurichten. Die Dame aus der Konditorei trat in das Gebäude vor dem Rathaus, machte das Licht in der Eingangshalle an, mein Onkel zog mich am Ärmel, beschleunigte seine Schritte mit knirschenden Sohlen, der Paso doble wurde unter Posaunendröhnen lauter, und wir befanden uns vor dem Haus, zwinkerten uns zu, wollten gerade die Tür aufstoßen, als der Zug der Artistenlastwagen wenige Meter von uns entfernt die Straße entlangrumpelte, oben auf einem Käfig hockte ein Dompteur mit Strohhut und Peitsche, und kleine Jungen, die auf Einrädern in die Pedale traten, zeichneten anmutige Kreise auf das Dach der Kasse und warfen sich unendlich viele Reifen zu. Der mit Plakaten bedeckte Wagen am Anfang des Zuges, in dem

der Direktor reiste, bremste, pfeifende Nieser versprü-
hend, die anderen blieben stehen, ließen Ballons aufstei-
gen, die sich in den Platanen verfingen oder sich in der
Dunkelheit auflösten, die Giraffe tastete die Finsternis
mit der Antenne ihres Halses ab, während das Orchester
auf einem offenen Laster, von einem Maestro befehligt,
der die Klarinetten mit dem Dirigentenstab peitschte, leise einen Liebeswalzer in Angriff nahm. Und da, Iolanda,
sprang der Zauberer vom fünften oder sechsten Wohnwagen, ließ Asse und Kaninchen aus seinen Taschen frei,
rannte zur Eingangshalle, in der sich mein Onkel und
ich befanden, die Frau des Veterinärs bebte zwischen den
Blumentöpfen am Eingang, warf unter dem Beifall der
Zwerge den Mantel ab und trat fast nackt hervor, der Zauberer stieg, von einem violetten Scheinwerfer angestrahlt,
die Treppe hinauf und nahm sie in seine Arme, während
sie, über seinen Schultern hängend, die Hand in einer
schnörkeligen Bewegung wie ein Trapezkünstler hob, der
am Ende seiner Nummer das Publikum grüßt, sie stiegen
auf den Wagen der bärtigen Frau und des zahmen Esels,
der die Zukunft voraussagte, Zuschauer in Schlafanzü-
gen, die von der Musik geweckt worden waren, warfen
Luftschlangen von den Fensterbrüstungen, auf ein Zeichen des Direktors hin setzte sich der Zug unter Raketen-
zischen, Konfettiregen, Tigergähnen und lauten Rufen
der Seiltänzer wieder in Bewegung, der Maestro stimmte, die Noten mit den Fingern formend, einen Militär-
marsch an, und die Karawane löste sich in der Nacht auf,
bis nichts mehr auf der Straße zurückblieb als die Illusion
der Musik und Scheinwerfer, die die Artisten suchten, die
es nicht mehr gab, Zuschauer, die die Fenster schlossen,
um wieder ins Bett zu gehen und von Jongleuren und ge-
zähmten Hündchen zu träumen, und mein Onkel und ich
standen mit offenem Mund allein auf dem Fußweg und
schüttelten die Reste von Luftschlangen von uns ab, wie
du meine Küsse abschüttelst, wenn ich es wage, deinen
Mund in einer Aufwallung von Zärtlichkeit zu berühren.
Wir blieben dort ein paar ewige Minuten stehen, wäh-

rend das Universum um uns herum wieder ins Lot kam, die Zirkuslampen, die an den Bäumen hingen wie Äpfel, erstarben langsam, und die Dinge nahmen ihre bescheidene, alltägliche, resignierte übliche Ordnung wieder an. Die Straßenlaternen erstanden wieder, das Emblem der Bäckerei schluchzte in den Neonröhren, die erste Fledermaus stürzte sich auf die Nachtfalter einer Leuchte über einem kleinen Juwelierladen, mein Onkel zündete sich eine neue Zigarre an und erklärte mit einer Stimme, aus der man die bitteren Samen seiner Enttäuschung heraushören konnte:

»Wenn an etwas in der Welt kein Mangel herrscht, dann sind es Frauen«,

und wir gingen unter einem lauwarmen Nieselregen zur Calçada do Tojal, bis der Anblick der Bougainvilleen und das Summen der Bienen mich beruhigten, und ich schlief ein, vom Stundenschlag der Uhren gewiegt, träumte von den Militärs in den versilberten Rahmen, genau wie hier in Alcântara, wo ich mich schließlich neben der Verachtung deines Körpers in das Kopfkissen stürze und von unserer Hochzeitsfeier in einem Salon träume, der mit deinen Schulkameradinnen gefüllt ist, die alle einen rosaroten Bubblegum aufblasen, während der Karatechampion seinen Freunden Hiebe mit der flachen Hand verpasst und deine Familie sich in einer Ecke zu einer resignierten Traube zusammendrängt.

João Borges da Cunha
Amor de Miraflores

Schön wäre es, ihr hättet die Landkarte meiner Heimat vor euch, wenn ihr nun meinen Text lest, *abenteuerlustiger Junge* und *Mädchen, das über Berge springt.* Eine Karte, von der ihr den Blick nicht mehr nehmen könntet, so wunderbar wäre der Zauber meines Landes kartographiert, dass ihr euch wie Götter fühlen würdet, *aufgeweckter Junge, Mädchen, das Verstecken spielt,* die ihre Geschöpfe von oben betrachten, die wie Götter die sagenhaften Leben begleiten, die sich aus den Abenteuern der Leute aus meiner Heimat entwickelt haben. Abenteuer, die sich schon immer in meinem Land zugetragen haben. Seit mein Land Land ist. Seit seine Einwohner versuchen, Menschen zu sein. In Wahrheit sind sie die Leute aus den Vorstädten.

Doch solltet ihr diese Karte nicht haben, *Mädchen, das du mir zuhörst, Junge, der du auf den leeren Tisch starrst,* sage ich euch, dass meine Heimat am Rand der Hauptstadt liegt, eingezwängt zwischen Autostraßen am Fuße eines eher niedrigen, mit Pinien aufgeforsteten Gebirgszugs hinter dem letzten volkstümlichen Viertel am Flussufer. Die Autostraßen werden mit Großbuchstaben und Ziffern bezeichnet. Der Berg ist ein heiliger, genannt Monsanto. Das Viertel heißt Algés und mein Land Miraflores, *Junge, der du an den Fernen Osten gedacht, Mädchen, das du von der Prärie geträumt hast.*

Alle amerikanischen Städte haben ein Miraflores auf Arealen, die man dem Nichts abgerungen hat, und vielleicht sagen die schlechten Geographen deshalb, dass mein Miraflores ein erfundenes Land sei. Und, wer weiß?, vielleicht sagen die schlechten Historiker deshalb, dass mein Miraflores ein Land ohne Geschichte sei, mit einem Namen, so künstlich wie die Pflanzen in einem Einkaufszentrum. Aber das stimmt nicht. Und weil auch sie die Karte meines Landes nicht vor sich hatten, verkennen sie es und wissen nicht, dass wer die Blumen betrachtet, die Zeit betrachtet – die immer blüht, sei es die Zeit des zukünftigen Nichts oder des vergangenen Alles. Und ob sie nun neu ist oder nicht, die Geschichte von Miraflores existiert und sie hatte ihre Helden, wenn nicht gar einen großen Helden.

Restelo

Was die Alten hatten sehen können, wenn sie auf die Höhe von Restelo hinaufgestiegen waren, waren schon nicht mehr die auslaufenden Karavellen wie die, von denen nur du weißt, dass es sie gegeben hat, *Junge, der du* Die Lusiaden *im Regal stehen hast,* wie die, deren Bild nur du gesehen hast, *Mädel, das du einen 50-Escudo-Schein hütest.* Was die Alten sahen, wenn sie sich nach Westen wandten, nachdem sie nach Restelo hinaufgestiegen waren, war das neue Land Miraflores. Dort, genau unter ihren Augen, lag dieses Land der Leute aus den Vororten, die zwar keine Städter waren, aber auch nicht vom Land kamen. Es waren neue Leute, die nie aus ihrer Vorstadt herausgekommen sind, die dort geboren wurden und herangewachsen sind und Menschen werden wollten, großgeworden in einem neuen Land. Zwischen dem Restelo von damals – einem Villenviertel, wo Ausländer lebten – und Miraflores gab es immer eine sehr viel größere Grenze als ein ganzes Meer.

Monsanto

Und dann war da noch der Monsanto. Von Restelo konnte man nicht nach Miraflores hinuntergehen, denn der Weg führte über einen Ausläufer des Bergs.

Wer von Restelo nach Miraflores gehen wollte, musste durch Algés. Heute ist das nicht mehr so, denn Algés liegt unter Brücken und Hochstraßen, die nach Miraflores und zu anderen Vororten führen. Und wenn die Alten nun nicht mehr von Restelo nach Miraflores gehen können, dann vor allem, weil der Monsanto von einer Straße durchschnitten wird – nicht wegen der Bäume, die nun aufhören, ein furchterregendes Meer zu sein und sich in gestrandete Karavellen verwandeln, vergessen im Asphalt.

Algés

war das letzte volkstümliche Viertel Lissabons. In Wahrheit wird Lissabon viele Viertel gehabt haben, die jeweils das letzte volkstümliche gewesen waren; egal. Das heißt nur, *Junge, der du durch die Avenidas gelaufen bist, kleines Mädchen, das du Sardinen auf den Plätzen der Stadt gebraten hast,* dass sich eine alte und ganz eigene Lebensart in Lissabon langsam unwiederbringlich an allen Ecken und Enden verloren und nur noch in einigen wenigen Vierteln überlebt hat, von denen viele ganz am Stadtrand lagen. Algés war eines davon.

Amor

Amor ist unser Held. Amor lernte ich an einem Sommerabend kennen, als wir bei der Rotunda dos Leões Fangen spielten. Ich hatte schon von ihm gehört. Wie hätte es auch anders sein können, wie hätte ich nicht von dieser so typischen, so charakteristischen Sache gehört haben können – der Eigenheit eines Landes, vor allem unseres Landes? Er war die große Attraktion, nicht nur wegen seines Namens, auch wegen seines Temperaments und wegen allem, was er anstellte. Wenn jemand von uns ein großer Lebenskünstler war – des Lebens in Miraflores –, dann war Amor dieser Jemand; wegen der Art und Weise, wie die Jugend sein künftiges Leben geprägt hat, wegen seiner lustigen Abenteuer, von denen man hin und wieder hört, bis in andere, kommende Zeiten. Amor war nicht nur der schmächtige Junge, immer in Bewegung, mit Katzenaugen und schweißnassem Haar, wie ich ihn beim ersten Mal wahrgenommen habe. Er war auch ein Kind, das ständig Anlass zu Kopfschmerzen gab. Er war so ein kleiner Nachbar, dessen Ende alle fürchteten. Heroisch oder tragisch, was würde das für einen Unterschied machen?

Kanal

Wenn ihr die Karte meines Landes seht, *Junge, der du bis auf diese Seite gekommen bist, Mädchen, das du zur nächsten Seite umblättern willst,* dann wird euch auffallen, dass Miraflores im Tal liegt und daher dort unten einen Wasserlauf hat. Es ist ein sanftes Tal, deshalb wird der Wasserlauf nicht zu einem Fluss, andernfalls wäre er der letzte Zufluss des Tejo. Aber nein. Es war nur der Bach von Miraflores, und er mündete in Algés.

Das Schicksal des Baches war, dass er sich, nachdem er noch in ländlicher Gegend entsprang, schnell in ein Rinnsal verwandelte, das dem neuen Land der Vorstadt würdig war, mit schmutzigem, ekelerregendem Wasser. Genannt wurde er Kanal von Miraflores. Übrigens kam er erst dort ans Licht. Eine Abflussrinne im Freien. Der Rest seines Bettes war unterirdisch mit Stein und Beton kanalisiert.

Das Kanalufer war verbotenes Terrain. Vor allem deshalb konnte man Amor dort antreffen, wenn er sich aus dem Staub gemacht hatte. Wenn er allein sein wollte, ging er immer irgendwohin, wo ihn keiner mehr begleiten wollte. Der Gestank war unerträglich, es wimmelte von Ungeziefer. Doch dort war das Schilf mit den besten Rohren, mit denen man ›Rutschen‹ bauen und Fußballtore auf der Grünanlage abstecken konnte. Am Rand der Rinne konnte Amor seine wissenschaftliche Neugier über die Schwimmfähigkeit von Heuschrecken oder die Widerstandskraft der Libellen gegen die Flamme eines Streichholzes stillen.

Amor war nicht der Einzige, der oft am Kanal war. Auch eine Afrikanerin ging dorthin, um eine wundersame Pflanze zu suchen, die, wie sie sagte, zwischen den Binsen nah am Wasser wuchs. Wenn es an manchen Tagen nicht so trüb war und sogar kräftig und ohne zu stinken floss, wusch sie dort Wäsche und legte sie zum Trocknen gleich daneben ins Schilf. »Wenn in Bach fallen, Kleiner, kommen zu meine Haus. Ich haben Arznei gegen Krankheit, die in diese Wasser fließen, Kleiner. Kommen zu mir, ich heilen deine Fieber, Kleiner. Kommen zu Francisca in Baracke … –al-cor– …«, sagte sie immer zu Amor, wenn sie ihn durchs Schilf kommen sah.

Und an jenem unglückseligen Karneval sahen wir alle Amor dort unten im Kanal liegen und wussten nicht, was tun. Es waren Sanitäter gerufen worden, die ihn zur Apotheke brachten. Schon auf dem Weg wandte sich Amor an uns, die wir uns die Nase zuhielten, und flüsterte:»Ihr müsst mir helfen, schnell die alkoholfarbene Baracke zu finden.« Das machte uns neugierig. Wir dachten:»Ist er auf einmal übergeschnappt?« Was für eine Baracke sollte das sein, alkoholfarben? Und, Teufel noch mal, was für eine Farbe hatte Alkohol denn überhaupt?

Gafanhoto
Als Miraflores mitten im Nichts zwischen dem Tal des Bachs und dem Hang des Monsanto entstand, gab es in der Umgebung viel Freifläche mit leichtem Zugang zu Baumaterialien (Holz, Ziegel, Dachplatten, Bruchstein), die von der Baustelle im Park übriggeblieben waren. Bald tauchten ringsherum ganze Völkerschaften auf, ursprünglich aus Afrika, die dieses Land und diese Reste nutzten und daraus sagenhafte Viertel mit ineinander verschachtelten Häusern bauten – Häuser, die wir, die neuen Leute aus den Vorstädten, Baracken nannten. Wir aus dem Vorort fanden diese Häuser toll, aber unbewohnbar. Die Leute, die näher am Stadtzentrum wohnten, kannten diese Baracken gar nicht, deshalb *Junge, der du weißt, was ein Blechdach ist, Mädchen, das du in einem Eisenbett geschlafen hast*, sprachen sie von Wellblechvierteln, die jedoch alles andere als aus Blech waren.

Es gab viele Afrikas, aus denen die Leute der Barackenviertel kamen: das portugiesische Afrika, das Afrika, das nicht mehr portugiesisch war, und dann die Afrikas, die es in ganz Portugal von Norden nach Süden gab, Ja, denn die gab es auch. Abgesehen von allen Afrikas kamen einige auch aus dem echten Afrika, so auch Senhora Francisca aus der alkoholfarbenen Baracke.

Eines dieser Viertel war Gafanhoto. Am besten kam man von der Endhaltestelle des 50ers dorthin. Und so machten wir drei, Amor, Artes und ich, uns auf die Suche nach Senhora Francisca.

Dort angelangt, kam uns Bebiano entgegen, er war jünger als wir, aber doppelt so groß.

»Verdammt, Amor, hör auf! Du willst mich wohl verarschen! Die einzige Senhora Francisca, die es hier gab, ist nach Pedreira dos Húngaros umgezogen, und eine alkoholfarbene Baracke kann doch wohl nur die Kneipe sein«, stöhnte der arme Bebiano.

Rolo da Massa

Das einzige Café in Miraflores war eine äußerst bescheidene Pinte zwischen der Apotheke und Amors Haus.

Unser letztes längeres Gespräch hatten wir dort vor der Tür. Amor war bereits zum Zigarettenfreund geworden. »Rauchst du denn jetzt?«, fragte ich ihn. Aggressiv gab er zurück, dass er Stöckchen und Stängel schon immer gemocht habe; da er aber traumatisiert war und sich vor dem Kanal ekelte, war er nie wieder auch nur in die Nähe des Röhrichts gegangen und hatte deshalb beschlossen, sich an Glimmstängel zu halten. »Das wird dich kaputtmachen, Amor.« Er sagte mir, dass er schon lange kaputt sei, dass er seitdem nicht mehr derselbe sei, aber nie aufgeben würde, das Heilmittel von Senhora Francisca aus der alkoholfarbenen Baracke zu suchen und zu probieren, ob es das Leiden kurieren könne, das ihn verzehrte. »Aber du bist doch gar nicht krank. Hast du nicht gehört, was Senhor Salvador gesagt hat? Du bist noch am selben Tag geimpft worden, du hast kein Fieber, du hast keinen Ausschlag«, tröstete ich ihn. Er meinte, es sei auch keine Hautkrankheit, sondern ein seelisches Leiden, das nur die Arznei aus der alkoholfarbenen Baracke lindern könne. Er hatte sie schon fast gefunden, die Baracke. »Warst du denn in Pedreira?«, fragte ich ihn. Er ging jeden Tag dorthin. Niemand kannte eine Senhora Francisca, aber Amor war kurz davor, die Baracke zu finden. Da er nicht wusste, welche Farbe mit alkoholfarben gemeint war, hatte er beschlossen, erst einmal den Geruch und Geschmack von Alkohol kennenzulernen, vielleicht käme er so schneller zum Ziel. Das tat er jeden Tag im Rolo da Massa: Er suchte die Farbe des Alkohols, indem er ihn trank.

Al Berto
lissabon

hinter den mauern der stadt
in ihrem tiefen herzen aus fundamenten
aus lehm und rinnsalen durch erdbeben – wächst eine
stimme
die emporsteigt und die sanftheit der häuser spaltet

von der schrift der unzähligen völker bleibt
fast nichts – du legst dich erschöpft auf die klinge des
mondes
ohne zu wissen dass der tejo dich zerfrisst und dich
aus allen zeitaltern europas streicht

weiter drüben – dort beim körper – bleibt
der husten der tejo-fähren die verdrehten augen
der bettler – das dach wo ein schiff
uns trennt von einer leere genährt mit serum

weiße platanen zeichnen sich leuchtend ab im blick
dessen der uns betrachtet gegen einen verzweifelten
himmel – garten

mit taubenetzten iris lilien palmen und
die brücke die uns zu den feldern des südens bringt –
lissabon

letzter ort des lachens
das dich nicht mehr retten kann vor dem cemitério dos
prazeres

und du stirbst
beladen mit traurigkeiten und geheimnissen – stirbst
irgendwo

auf einem kleinen platz sitzend – den blick starr gerichtet
auf die meerhölle der vögel

2

du ersehntest ein land des schweigens
salzigen regens – ohne wege ohne träume

du hattest ein düsteres land
wo die wirklichkeit den wahn verschlang und das
unbewohnt war – dieses nächtliche land das gegen
die einsamkeit des körpers stöhnt – du fragst dich

welche art von feuer die disteln speien
wird das meer sich in deine abwesenheit fügen? und der
                                              schwarze
stiel der schmerzmittel durch mich hinauf … welche
                                              stadt
körnchen für körnchen aus sand erbaut wird
                              auftauchen?
wie viele lissabons sind begraben? oder versunken?

der wind bringt dir den duft der tropen
der blühenden tamarinden der alleen und
des frühlingsheus der ebenen – der wind
beschützt dich – nimmt dich mit in der geflügelten säure
des frosts und der ungewissheit

du wirst verrückte dinge sagen – die seelen
eine allee aus rosenstöcken und
aus dem nebel löst sich
der süßliche geruch des todes

du stelltest dir ein erstarrtes land vor verschlungen von
der sonne
und der schauder des gesangs ergoss sich durch die
straßen
in denen die zeit langsam und weiß einer
anderen gleichen zeit entgegengeht

hinten im restaurant auf dich gerichtet der blick
der dame mit der zigarre – café blume der welt
kreuzwegs wo man gegenüber von europa schläft
das wie ein schatten wahrgenommen wird der versinkt
in den adern der parkplatzanweiser

du stelltest dir vor in dir bliebe
jener metallische lärm verlassener kontinente
schließlich
war gestern der letzte tag
an dem du dir schuhe anziehen konntest – jener krieg
der dich entließ damit
ein tunnel aus blutgetränktem samt in deinem kopf heile

du kamst von weit her aus den afrikanischen wüsten wo
du leiden und schwarze kinder sätest

jetzt wickelst du dich in das brennende tuch der zeit
lissabons – zerreißt in schmerzliche streifen den traum
und versuchst auf den terrassen der meere zu segeln

aber die sehnsucht nach denen die fortgingen und sich
jetzt
dieser stimme nähern – sie sehen
ein reich aus leeren schiffen

und du
unter der grausamen sonne – verlorenen blicks
setzt du dein leben gegen den schmutzigen rumpf
                              der tejo-fähren
du streifst
durch die gassen auf der suche nach einem gesicht das
das glück der verlorenen stimme nachahmt – oder
irgendeinem körper
um den schlaf vorzutäuschen neben deinem

aber lissabon besteht aus blutfäden
aus provinzen
aus warten vor den cafés
aus leere unter einem bleiernen himmel der
die gärten zerbrochener statuen verdüstert

es gibt eine vorahnung endlosen schlafs
du flüchtest dich in das zimmer einer pension und
schlummerst
den ganzen tag – damit lissabon dich vergisst

Germano Almeida
Eva

Luís Henriques führte erneut das Glas an die Lippen und
schlürfte Schnaps: »Du bist jung«, sagte er, »dennoch,
wenn man es nicht aus Erfahrung weiß – schließlich hat
sich die Bildung der Kapverdier im Ausland seit der Un-
abhängigkeit immens diversifiziert, man hat angefangen
in den verschiedensten Ländern der Welt zu studieren, du,
zum Beispiel, ich weiß von Eva, dass du in Brasilien stu-
dierst –, wenn man es nicht aus eigener Erfahrung weiß,
wird man aus Büchern und Schriften erfahren, welche
Faszination die Metropole schon immer auf das Inselvolk
ausgeübt hat. Es gibt sogar einen kapverdischen Dichter,
Oliveira Barros – ›Dick‹ unter Freunden –, der diese Abhängigkeit der Kapverdier von Lissabon thematisiert, so
nach dem Motto: Die Portugiesen von Kap Verde suchten
schon immer den anerkennenden Blick Lissabons ...« Ich
kenne das Gedicht, wollte ich ihn unterbrechen, aber er
ließ mich nicht zu Wort kommen: »Die kapverdischen Intellektuellen in Portugal sprachen vom Elend, damit Lissabon es hört, sie schrieben vom Elend, damit Lissabon
es liest, sie baten Lissabon, dies zu tun, sie hielten inne,
damit Lissabon jenes regelte, Lissabons Bann existierte
schon in den Kinderliedern, denn Gott war in Lissabon
... So oder ähnlich, ich habe auswendig zitiert. Als infolge
der Entkolonialisierung der Wahnsinn mit der Rückkehr
ins Mutterland begann, haben sich viele Leute, die damit
überhaupt nichts zu tun hatten, dafür entschieden, die
Luftbrücken zu nutzen und mit dem Fallschirm über dieser Umgebung abzuspringen, die ihnen fremd und feind-
lich war und in gewisser Weise noch immer ist. Anfangs
wurde ihnen mit Lebensmitteln und Kleidung ausgehol-
fen, sei es von den verschiedenen Regierungen – selbstverständlich im Rahmen des damals Möglichen, was
nicht viel war –, sei es von in- und ausländischen Hilfs-
organisationen, doch wie es nicht anders sein kann, hat

sich nach und nach jeder in diesem Portugal sein Leben neu eingerichtet. Heute gibt es keine Retornados mehr, zumindest kann man sie strenggenommen nicht mehr so bezeichnen, abgesehen von dem Rest Gestrandeter vom Rossio, die weiterhin kleine Finanzhilfen bekommen; das reicht für eine Mahlzeit pro Tag, mit Glück auch für zwei bescheidene Essen, und um die Miete für ein Klappbett in einem kasernenartigen Loch zu bezahlen, von mir aus in der Rua de São Bento oder sonst wo. Einmal die Woche, normalerweise samstags, dürfen sie heiß baden, an Werktagen und am Sonntag können sie sich mit kaltem Wasser vom Hahn waschen. Die meisten kaufen ihre Kleider auf Märkten, vor allem auf der Feira do Relógio, wohin sie sonntags zuhauf ziehen – billiges Zeug, das sie auftragen und anschließend wegwerfen; so sparen sie sich das Waschen, das mitunter teurer kommt als die Kleider selbst … Ich denke, man kann mit wenig Aufwand – ein Gang zum Rossio, einmal die Rua de São Bento hinunter und ein Besuch auf der Feira – schon eine einträgliche Reportage über die Tragödie der Afrikaner in Portugal machen«, schloss Luís Henriques.

Die Winternacht, die schon über Lissabon hereingebrochen war, drohte eisig zu werden, doch Luís Henriques und ich suchten noch immer die Rua da Mãe d'Água und eine Taverne, die man ihm empfohlen hatte, von der er sich aber nur an den vielsagenden Namen Chafariz do Vinho, ›Weinbrunnen‹, erinnerte. In der Absicht, uns noch eine Flasche in dem Restaurant zu besorgen, wo wir den Großteil dieses langen Tages verbracht hatten, hatten wir Stunden zuvor eine ziemlich bequeme Holzbank unter einem majestätischen Mandelbaum im Botanischen Garten verlassen, wo wir gemütlich saßen und plauderten, nur um enttäuscht festzustellen, dass die Türen des Lokals schon verriegelt und mit einem unüberwindlichen Vorhängeschloss gesichert waren.

»Deutsches Fabrikat«, hatte mir Luís Henriques kopfschüttelnd erläutert, während er verzweifelt das riesige

Schloss inspiziert hatte, als würde allein dieses verhindern, dass wir uns unseren Wunsch erfüllen konnten, »sie sind angeblich nicht zu knacken, also, nichts zu holen hier, wir müssen unser Glück woanders versuchen.« Und so kam es, dass wir, enttäuscht und trunken vor Müdigkeit und Alkohol, aufs Geratewohl durch kleine Gässchen mit den irresten Namen zogen, Arm in Arm wie ein altes obdachloses Säuferpaar. Unsere Beine trugen kaum noch das Gewicht unserer Körper, dennoch waren wir uns bei jedem Schritt noch einiger in unserem unumstößlichen Beschluss, ein letztes Glas zu trinken, zu Ehren der Faszination unserer Freundin Eva in allen unseren kühnsten Träumen.

In diesem Augenblick gingen wir eine schmale und so abschüssige Gasse hinunter, dass sie eher wie eine Riesenrutsche wirkte, den Straßennamen konnten wir im Übrigen an keiner Ecke, keiner Mauer und an keinem Laternenpfahl in der Nähe entdecken. Ich war mir aber ganz sicher, dass es irgendwo an diesen heruntergekommenen Häusern irgendetwas geben musste, und sei es ein verblasstes Schild, eine schmutzige Aufschrift, ein vom Wind zerknittertes Blatt Papier, das, wie auch immer, einen Namen oder zumindest einen winzigen Hinweis darauf enthielt, damit wir endlich eine Ahnung bekämen, wo wir gelandet und gestrandet waren.

Luís Henriques ging gedankenverloren neben mir her, er schien sich nicht im Geringsten daran zu stören, dass wir uns ganz offensichtlich in diesem Teil Lissabons – in diesen Gassen und Sackgassen mit den exotischen Namen – verlaufen hatten, den er, ganz anders als er mir zu verstehen gegeben hatte, im Grunde gar nicht kannte. Auch schien er sich nicht um die verdutzten Blicke der dahineilenden Passanten zu scheren, deren Weg wir kreuzten und die sich sicherlich über die leichte Kleidung wunderten, die wir an diesem kalten Nachmittag trugen, in einer Kälte, die immer beißender wurde, je tiefer die fahle Sonne dieses frostigen Dezembers sank.

Wieder hielt er mitten im Schritt inne und blieb reglos stehen, als wäre er in eine unsichtbare Schlinge getreten. Ziemlich überrascht von der plötzlichen Kraft, mit der er mich wegstieß, um sich aus meinem Arm zu befreien, wandte ich ihm meine Aufmerksamkeit zu, die ich vordem darauf gerichtet hatte, die Fassaden der Gebäude auf der gegenüberliegenden Straßenseite abzusuchen. Ich blickte ihn von vorn an und sah, dass er die Augen theatralisch zum unendlichen Himmel gehoben hatte wie jemand, der einer Halluzination aufgesessen war, und dass er vorsichtig genug gewesen war, sich breitbeinig hinzustellen, sodass er fast die ganze Breite des schmalen Gehwegs einnahm, um besser das prekäre Gleichgewicht zu halten, in dem wir beide uns auf dieser schiefen Ebene befanden.

»Was ist denn los?«, fragte ich einigermaßen ungeduldig, denn insgeheim machte ich ihn schon längst für alle Unannehmlichkeiten verantwortlich, denen wir uns gegenübersahen, seit er beschlossen hatte, dass wir auf jeden Fall noch Arm in Arm einen Schoppen Wein trinken müssten, bevor wir uns trennten. Doch er lächelte weiter mit halb offenen Lippen und sah mich mit einer Mischung aus Angst und Spott an, als wüsste er wieder nicht weiter und als würde er irgendwie zögern, ob er sagen oder nicht sagen sollte, was gerade in seinem – trotz der langen Zeit, die seit unserem unmäßig begossenen Mittagessen vergangen war – stark weingetränkten Gehirn vor sich ging.

Neugierig zu erfahren, was er all dem, das wir im Verlauf dieses endlosen Tages besprochen hatten, noch hinzufügen könnte, zwang ich meine Lippen zu einem müden Lächeln und ermutigte ihn mit einem Klaps auf seine knochige und fast nackte Brust fortzufahren, ohne fürchten zu müssen, dass ich sauer werden würde. Er bohrte weiter seine trüben Augen in mich, sein Mund stand offen, als wäre er bei einer verwerflichen Tat ertappt worden, er schwankte eindeutig zwischen Reden und Schweigen. »Komm schon, Mann«, sagte ich, »wir haben einander heute schon so viel Blödsinn erzählt und uns voreinander eine solche Blöße gegeben, dass ein, zwei Schoten mehr auf beiden Seiten auch nichts mehr ausmachen.«

Luís Henriques verweilte noch eine Zeitlang nachdenklich und blickte mit halb offenem Mund in den Himmel, als würde er eine Eingebung oder göttliche Hilfe erbitten. Ich stand nun vor ihm und wartete auf das, was eine wichtige Eröffnung zu werden schien. Doch erst nach gut zwei Minuten weiteren Schweigens senkte er leicht den Kopf und sah mir konzentriert in die Augen, als hätte er sich gerade entschlossen, mich herauszufordern. Dann wich er zurück, blickte auf den Boden und begutachtete das eigenartige Muster des Straßenpflasters, während er beschämt und schlotternd beichtete, dass unser morgendliches Zusammentreffen in der kleinen Buchhandlung im Einkaufszentrum in Wahrheit gar kein Zufall gewesen sei, sondern dass er selbst es absichtlich und mit List herbeigeführt habe.

»Als ich gesehen habe, wie du ins Einkaufszentrum gegangen bist, habe ich mir gesagt: Ich wette, dieser Kerl dort drüben geht sicherlich in Evas Buchladen. Und wie du siehst, habe ich mich nicht getäuscht«, stammelte er und schlug sich mit der Faust auf die Brust, »ich weiß, dass sie es nie unterlässt, ihre lieben Freunde dorthin zu bringen, und du gehörst zu ihren liebsten Freunden.«

Ich hielt es nicht für nötig, ihm zu sagen, dass ich wegen seiner Entschlossenheit und Sturheit, jeden Augenblick dieses langen Tages mit mir zu verbringen, schon längst vermutet hatte, was ich soeben hörte, und so machte es mir kaum etwas aus, ihn zu stützen, als ich sah, wie er schwankte – nicht nach vorn, wie es das Gefälle normalerweise mit sich brächte, sondern zur Seite und zur Straßenmitte hin. Nun waren wir zwar in einer Fußgängerzone, aber Luís Henriques' ständiges Wanken bewies, dass seine Beine keine Kraft mehr hatten, ihn aufrecht zu halten, und ein plötzlicher Sturz auf das grobe Pflaster konnte für ihn ziemlich unangenehme Folgen haben. Und da ich von uns beiden zweifellos der weniger Benebelte war, fühlte ich mich moralisch verpflichtet, alle Kräfte aufzubieten und ihm dabei zu helfen, so weiterzugehen, dass wir in der Öffentlichkeit einen zumindest einigermaßen passablen Anblick boten, umso mehr als genau in diesem Moment zwei tadellos gekleidete Polizisten vorbeikamen, die uns eher mitleidig als vorwurfsvoll anblickten; mit einem knappen Nicken reagierten sie auf Luís Henriques' überschwänglichen militärischen Gruß, zu dem er die ausgestreckte Hand an die Schläfe führte, begleitet von einem herzlichen und lächelnden »Einen wunderschönen guten Abend, die Herren Wachtmeister!«, mit dem er sie korrekt bedachte.

Ich bemühte mich, mir das Lachen zu verkneifen, zu dem mich diese unvermutete Vorstellung reizte, und da wir keine Möglichkeit hatten, uns von allein hier zurechtzufinden, nutzte ich die Gelegenheit und fragte, ob sie so freundlich wären und uns sagen könnten, wo wir uns befanden, und uns auch den schnellsten Weg zur Rua da Mãe d'Água zeigen würden. »Wir kommen vom Parque Mayer«, erklärte ich, »ich musste aber feststellen, dass wir uns auf einmal verlaufen hatten, und«, so sagte ich in gutem Festlandsportugiesisch, deshalb hätten wir nicht die leiseste Ahnung, wo wir hier seien. »Fakt ist«, antwortete der eine dienstbeflissen, aber steif, »dass Sie ziemlich weit von Ihrem Ziel entfernt sind, Sie müssen erst das ganze Bairro Alto durchqueren und den Hügel auf der anderen Seite wieder hinuntergehen, Sie sind zu weit abgekommen, sind zu weit hinauf- und in die entgegengesetzte Richtung gegangen ...« Und er zeigte uns, dass wir so und so, durch diese Gassen und Gässchen, dann immer den Hügel hinabgehen und uns nach rechts halten müssten, um zur Rua da Mãe d'Água zu gelangen.

Ich bedankte mich höflich. Ich ging davon aus, dass Luís Henriques den Hinweisen, die wir bekommen hatten, eine gewisse Aufmerksamkeit geschenkt hatte, schließlich war er der Gastgeber und kannte, zumindest theoretisch, die Stadt, aber ich merkte bald, dass dem nicht so war. Er hatte den Erklärungen des Beamten keinerlei Bedeutung beigemessen, denn er nuschelte weiter, als würde er ein früheres Gespräch wieder aufnehmen: »Ich habe zufällig gesehen, wie du aus einem Bus ausgestiegen bist, und habe mich einer augenblicklichen Eingebung folgend entschlossen, dir zu folgen und mit dir zu reden!«

Dieses Mal ignorierte ich seine Worte erst einmal unabsichtlich. Mir war gerade aufgefallen, dass diese freimütige Begrüßung der beiden Polizisten typisch war für Luís Henriques; was er gerade unversehens enthüllt hatte, wusste ich schon von Eva: eine völlige Unterwerfung unter alle und jede Autorität, vor allem Polizei und Militär, nur um diesen wilden, wahnwitzigen Hass zu kaschieren, dem er übrigens gleich darauf zwischen den Zähnen fluchend Luft machte: »Scheißbullen, das sind doch alles Hurensöhne, ganz bestimmt haben sie uns angeschmiert, ich hab noch nie einen ehrlichen Polizisten getroffen!«

Fernando Sobral
L.Ville

Manuel da Rosa kannte diese Straßen wie die Lebens-
linien seiner Hand. Die Häuser waren wie die Narben
an seinem Körper: Erinnerungen, die ihm vergangene
Ereignisse ins Gedächtnis riefen. Er verbrachte viele
schlaflose Nächte. Zu viele. Weit entfernt vom Zentrum
Lissabons streifte er mit dem Wagen durch die Straßen,
nachdem er ein letztes Glas Wein im Sol da Meia-Noite
getrunken hatte, einer Bar mit spärlicher Deko, die er
mit eiserner Disziplin regelmäßig besuchte. Dort gab es
auch die besten Schinken-Käse-Toasts, die er sich denken konnte. Und die eingelegten Oliven waren besser als
in jedem anderen Lokal. Er fuhr durch die Straßen, bis
er die ersten Vorortzüge in Lissabon ankommen sah. Er
beobachtete die schläfrigen Menschen. Das war für ihn
die beste Art und Weise zu verstehen, was sich in dieser
Stadt abspielte.

Es gibt viele Lissabons. Am selben Ort, zur selben
Zeit, aber alle sind sie verschieden: das Lissabon, an das
sich Manuel da Rosa erinnerte und das er oft in Taver-
nen, in alten Krämerläden, die nur mit Mühe überlebten,
und in alten Gebäuden wiederfand, wo die Unterwäsche
zum Trocknen in der Sonne hing. In den Menschen mit
stumpfem Blick, die darauf warteten, dass in ihrer Straße
etwas passiert. Das war das Lissabon der Freizeitclubs der
Alten, die sich an den Wochenenden trafen, um zu tanzen, ein kühles Bier zu trinken und ein Schnitzelbrötchen
zu essen. Er stieß auch auf schlecht beleuchtete Treppen,
wo jeder stolperte, der sich nicht auskannte. Dort konnte man Fados hören, gesungen mit rauen Stimmen, dort
trugen alte Gauner heimlich Klappmesser mit sich herum, die sowohl dazu dienten, die Fingernägel zu reini-
gen, als auch verirrte Touristen zu bedrohen.

Es gab auch ein anderes Lissabon, dort roch es anders,
dort verkehrten junge Emigranten der zweiten Genera-

tion mit Weißen, sie machten Musik oder dealten mit Drogen. In diesen Vierteln glichen sich die Häuser wie Zwillinge. Und hin und wieder fielen dort auch Schüsse. Rap hörte man und angolanischen Kuduro, die Sprache war eine eigenartige Mischung aus Portugiesisch, Englisch und Kreol. Schwarze Musik, neu interpretiert für die Sinnenfreuden. Ana Morena, die Polizistin, mit der Manuel da Rosa zusammenlebte, hörte diese Musik gern, und nach und nach schloss der Kommissar sich ihr dabei an.

Dann gab es noch ein anderes Lissabon, wo man zwischen Gesetzestreue und mehr oder weniger organisiertem Verbrechen lebte. Das graue Lissabon, das an die Technologie glaubte und mit dem Ohr am Handy oder am iPod klebte. Und das CD-Raubkopien auf Flohmärkten kaufte, wo alles, was schwarz gehandelt wurde, auch gut war. Diese zeitgleich existierenden Städte trafen sich nicht, sie kannten einander nicht. Die Jugendlichen lebten von Bier, Hamburgern oder anderem Fastfood, und sei es von Kebab oder dem kapverdischen Eintopf Catchupa. Sie trafen Mädchen aus der Mittelschicht, die auf der Suche nach einem stärkeren Drink oder irgendeinem anderen Stimulans waren. Und nach einem One-Night-Stand. Manuel ging oft mit Ana zum Tanzen. Sie, weil sie hatte Tänzerin werden wollen, als sie jung war. Er, um zu schauen. Der Rhythmus gefiel ihm, aber seinen Körper verlangte es nicht danach, in diesen afrikanischen Diskotheken zu tanzen, wo Ana sich zu Hause fühlte.

Manuel da Rosa beobachtete all das je nachdem mit wohlwollendem und auch kritischem Blick. Er sah Mädchen im Minirock, die sprachen wie die Mädchen in den Seifenopern, und Jungs auf der Suche nach einem ausgiebigen Kuss. Er war altmodisch, auch wenn er Jeans und T-Shirt trug. Alles war bloß aufgesetzt. Manuel da Rosa sah all das nachts, auch wenn er im Dienst war. Es war das nomadische, geheimnisvolle Lissabon, geschaffen zwischen Küssen und vorgetäuschten Liebkosungen. Es war das Lissabon afrikanischer Emigranten, die in Portugal geblieben sind. Emigrantenkinder, die zwar in Lissabon geboren, aber nicht als Portugiesen anerkannt wurden.

Er roch den Duft stark gewürzter Speisen. Unweigerlich fühlte er sich nach Afrika zurückversetzt, als er über die Praça Martim Moniz ging. Dort kaufte Manuel da Rosa frischen Ingwer, exotische Früchte, er sprang zwischen den Ständen der Händler unterschiedlichster Nationalitäten hin und her, die sich anrempelten wie auf den großen Märkten afrikanischer Städte. Dort konnte man Gemüse kaufen, Schuhe und gleich daneben Kalaschnikows. Vielleicht war das ja noch nicht so, aber in Lissabon konnte man sich schließlich nie sicher sein. Es gab Kokoswasser, das man nirgendwo sonst in der Stadt bekam. Musikgewirr, Stimmengewirr. Wie in einem Hafen, wo alle ankommen und Neuigkeiten austauschen wollen, selbst ohne eine gemeinsame Sprache oder Kultur. An diesen Ecken und in diesen Straßen wurden viele Waren aus China und anderen asiatischen Ländern gehandelt und fanden in der portugiesischen Hauptstadt eine Plattform für andere Bestimmungen.

Er hatte Appetit auf Samosa und Papadam und sein Goenser Lieblingsgericht: Vindalho. So teilte man Vorlieben im neuen Gesetz des Dschungels. Die Stadt ist ein Dschungel, hatte ihm einmal ein mosambikanischer Musiker gesagt, den er bei einer Razzia festgenommen hatte, weil dieser und seine Freunde zur Unzeit und zum Verdruss der Nachbarn Krach gemacht hatten. Er erinnerte sich an die Geräusche, die er nachts in Nigeria gehört hatte. Geräusche, die nur wenige einordnen konnten. Haben denn all diese Frauen und Männer kein Recht zu leben? Das Leben zu teilen mit uns, die wir uns zivilisiert nennen?, fragte er sich. Was unterscheidet sie denn von den Europäern, die ins Handy hineinbrüllen, wenn sie in aller Öffentlichkeit ihr Leben erzählen? Er hat sie oft gehört. Es sind gute Orte, um den menschlichen Pulsschlag zu spüren, dachte er. Wir sollten öfters öffentliche Verkehrsmittel benutzen, hatte er einmal auf dem Revier zu sagen gewagt – zum Gelächter vieler seiner Kollegen. Aber er hatte daraufhin nicht geschwiegen: Die Menschen haben Fehler. Die üblichen: Faulheit, Wut, Neid, Gier. Wir hören sie in den Bussen. In der Metro. Im Zug. Man stirbt hier langsam, wenn wir ihnen nicht zuhören. Ich will der Unsicherheit entgegenwirken, hatte er zu den Kollegen gesagt. Die spürt man in den öffentlichen Verkehrsmitteln. Wer mit dem Wagen fährt, bemerkt das nicht.

Claudia Galhós
In den Nebeln des Castelo de São Jorge

In der Geschichte der Sträßchen von Lissabon gab es eine
Zeit, in der sich hinter geschlossenen Türen etwas ziemlich Ungewöhnliches zutrug.* Die Leute, die sich auf der
Straße begegneten, wussten nicht so recht, woher die
Seufzer kamen, die eine lärmende Schar, eingeschlossen
in vier Wänden, von sich gab. Es ging um ein krankhaftes
Bedürfnis, ein Leben zu führen, wie es nur die Dichter
kennen – ein Spaziergang durch die Parallelwelt der
Schlafwandler, die in unsere Zeiten einfielen. Die Geister
saßen einfach da, streckten die Hand aus und baten um
eine Stimme bei irgendwelchen künftigen Wahlen.

In Portugal diskutierte man über die Rolle, die ein paar
Wenige in einem vereinten Europa spielen könnten. Das
Land war damals noch kleiner, ein Winkel einer Welt, der
von Großmächten geschüttelt wurde. Die Stimmen der
›Demokratie‹ appellierten an den gesunden Menschen-
verstand, an die Mitbestimmung des Volkes, sie massa-
krierten die menschliche Intelligenz in persönlichen Angriffen und distanzierten sich von dem, was wichtig war.
Große Herren mischten die Karten, sie brachten Bücher
heraus, in denen sie sich als Intellektuelle ohne politische
Grenzen ausgaben und gewinnsüchtig den Wunsch er-
klärten, die Karten auch außerhalb dieses stolzen Landes
auszuteilen. Die Karikaturen verließen den Bildschirm des
ersten öffentlich-rechtlichen Programms, um die realen
Personen darzustellen, die in diesem Kampf die Hauptrol-
len spielten. Der Vater der Nation lächelte freundlich zu
den geballten Angriffen auf seine Person, weder Ritte auf
Schildkröten noch ein Schläfchen bei öffentlichen Anläs-
sen konnten ihm das Lächeln vom Gesicht wischen. Nach
ein paar Minuten wandte er sich wieder dem Land zu, das
nur mit geschlossenen Augen existierte.

* *Die Rede ist von der Zeit kurz vor dem EU-Beitritt (damals noch
EG) Portugals 1986 [Anm. d. Ü.].*

Und während unsere Pappnasen Küsschen und Hand-
schläge ans Volk verteilten und ihren Gegnern in den Rücken fielen, lebte der wirkliche Mann von der Straße fern
dieser Machenschaften weiter und machte sich ständig
Sorgen um die Zukunft.

Und die Wände verbargen das reale Leben jedes Einzelnen.

In einer solchen Wohnung, von der Poeten träumen,
mit Blick auf eine Szenerie, die nur himmlische Worte
am Busen der Götter hätten erfinden können, hörte man
die allerneueste Musik und man praktizierte diesen laut-
starken Glauben wie eine Religion, die man ausübt und
vehement verteidigt. Es wäre ein Lebensstil wie jeder andere gewesen, hätte er nicht schwächere, beeinflussbarere
Geister ins Wanken gebracht, die von einem Leben in Eks-
tase träumten.

Es war ein Zustand der Unruhe.

Ein Gefühlsaufruhr.

Ein Gefühl, dass es anders sein könnte.

Doch dieser Wunsch passte nicht in den realen Rahmen. Und da kam die Enttäuschung: Die Türen öffneten
sich zur Straße hin, und die Welt dort draußen war wie
immer.

Die unruhigen Geister verachteten das unschuldige
Dasein. Diese beispielhaften Existenzen in einem or-
dentlichen Bild, das perfekt zu einem wenig originellen
gesellschaftlichen Ideal passte. Jene, die rosarote Roman-
zen lebten, waren sich ihrer Lebensberechtigung bewusst,
auch die Puritaner, die einer Anstellung mit Mindestlohn
nachgingen und sich eines Tages weiß kleideten und ewige Liebe schworen. Doch das war eine andere Welt, völlig
abseits von dem, was hier geschildert wird, abseits des
Lebens in diesen vier Wänden mit Blick auf den Burghü-
gel, als wären die Nebelschleier einer parallelen Option
bereits unversehens dort vorhanden, mit allen Möglich-
keiten und schönen Träumen von Leidenschaft und dem
Ringen von Hofdamen und Rittern in einem verzauberten
und sehr fleischlichen Intrigenspiel. Doch wer durch die-

se Straße ging und die Turbulenzen hörte, die aus den sperrangelweit offenen Fenstern ins Freie drangen, war zu allermindest verwirrt vom Kontrast mit der Szenerie. Die besinnliche Ruhe, die der Hügel vor dem Fenster bot, die Kapelle Nossa Senhora do Monte, all das hatte nichts zu tun mit der Erregung, die man hinter diesen Mauern vermuten konnte.

Die Wirklichkeit ist ganz anders. Es stand eine Art Schock zwischen diesen beiden Bildern. Die Ratlosigkeit einiger Weniger, die sich regten und ungeduldig nach einer Alternative suchten zu dem, was die Gesellschaft ihnen immer beigebracht hat, und die Anderen.

Die anderen – die Allerärmsten! – von einfachem Gemüt lächelten mit der Einfalt derer, die wenig erlebt haben und auch nicht mehr viel erleben werden. Jeder Tag wird ein neuer Kampf sein um Liebe und einen bewundernden Blick. Ohne diesen Blick sind sie normale, banale Sterbliche, kleine Leute mit eingeschränkten Erwartungen und Massenformen des Lebens.

Lídia Jorge
Paradies ohne Grenzen

Im Sommer '88 wohnte ich zur Untermiete in der Casa da Arara, einem Haus mit breiter Fassade und zwei Fensterreihen, von wo aus man morgens sehen konnte, wie die Frachtkähne ihre gigantischen Lasten den Tejo stromaufwärts schleppten. Wären die Scheiben geputzt gewesen, hätten sie sich bei ihrem lautlosen Vorübergleiten in ihnen gespiegelt wie Traumbilder.

Es war ein Haus mit zweihundert Jahren auf dem Buckel und Schmuckkacheln an den Wänden, die von Reisen durch die Welt zeugten. Jemand hatte die Verschlingungen tropischer Kletterpflanzen gekannt und den schlanken Schatten der Palmen, doch das Wichtigste war der Arara, nach der Erinnerung als Mischung aus Tukan und Papagei gemalt, der auf dem Kachelbild im Eingang über der Inschrift AVIS ARARA die Flügel spreizte. Auf der blauen Fläche, die das ehemalige Vestibül auskleidete, gab es Flecken, wo die Azulejos entfernt oder einfach als Scherben weggekehrt worden waren. Neben der Treppe sah man Palmen ohne Krone, Jakarandabäume ohne Stamm. Im grellen Licht von draußen traten diese Wunden wie von Bühnenscheinwerfern angestrahlt zutage. Im Übrigen wiesen die getäfelten Decken in ihren viereckigen Kassetten Wurmstichmuster auf, und die Holzlambris trugen noch die Spuren von früheren Nägeln.

An einem dieser Tage nun kam Gamito am späten Vormittag aus der großen Badewanne zurück, jener Wanne, die auf Füßen in Löwenklauenform ruhte, und weckte laut rufend die anderen, die noch tief und fest in ihren Betten schlummerten. Sie sammelten sich vor der Tür des Artisten und sahen sich an, was da passierte. Vor dem Fenster mit halb heruntergelassenem Rolladen stand nackt Leonardo und blickte in den Spiegel, während Paulina ihn rasierte. Anfangs drohte sie den Zuschauern noch mit dem Rasierer und forderte sie auf zu verschwinden, doch tatsächlich wünschte sie sich das Gegenteil. Neben sich hatte sie eine Schüssel und ein Handtuch, und sie führte die Rasierklinge höchst dramatisch über den Körper des Artisten. Dass sie sich absichtlich exponierten, ließ sich daraus ableiten, wie sie sich aufführten, nicht aus ihren Äußerungen. Sie rasiere ihn, sagte Paulina, weil sie nur ausprobieren wolle, ob sein Körper vollkommen glatt werden könne. Bei einem Performer sei der athletische Aspekt nicht alles, erklärte sie. »Entscheidend ist nämlich der ästhetische Aspekt!« Und sie rasierte weiter, schwenkte die Klinge im Wasser, trocknete sie am Handtuch ab und redete. »Zuerst einmal probieren wir weiße *colour-cream* aus und nachher dann grüne. Was meint ihr, weiß oder grün?«

»Weiß!«

»Kommt drauf an, was dargestellt werden soll.« Cesar, der mit der scharfgeschnittenen Nase, erinnerte an die Farbe der Bronzestatuen.

»Genau!«, sagte sie und setzte an der Stirn und den Augenbrauen an. »In der Baixa sollte er grün auftreten. Das passt viel besser zu allem, was da rumsteht. Das Denkmal mit dem Pferd und so weiter. Deshalb finde ich, er muss grün sein, genau wie die Denkmäler, die wir in Wien gesehen haben. Wenn Leozinho dann ganz grün auftaucht, bleiben die Leute in der Baixa stehen und kriegen vor Staunen den Mund nicht zu. Hab ich recht oder nicht, Kinder?«
Dass wir uns in der Casa da Arara isoliert und nicht gewusst hätten, was draußen geschah, ist nicht richtig. Ganz im Gegenteil. Mein Gefühl ist nach wie vor, dass wir allmählich zu einer Art Hydrometer gegenüber vom Kai wurden. Leonardos Weg hinunter zur Rua Augusta zu rekonstruieren kommt dem Versuch gleich, ein Bordtagebuch nachträglich zu schreiben. Beim Wachrufen einer rasch verlöschenden Erinnerung weicht die Melancholie, dieses friedliche Domizil, das jene Wörter freisetzt, die uns gegen Abend am ehesten beleben, und es gewinnen die energischen Taten, die Zeiten und die Orte entschei-

dende Bedeutung. Schließlich waren wir jung, erinnerten uns an keine Tragödie, sahen auch keine am Horizont und hatten nichts Unwiederbringlichem nachzutrauern. Mit Ausnahme von Falcão, der nach dem Mittagessen in einem Reportagekleinbus wegfuhr, verbrachten die Untermieter die Abende mit der Vorbereitung von Leonardos erstem Auftritt. Gegen zehn stapelte das Café Atlântico seine Stühle übereinander, aber die Luna-Bar machte genau dann auf, wenn das Café schloss, und die Boîte Sumaúma belebte sich um Mitternacht und hatte bis fünf Uhr morgens Hochbetrieb. Von dort, aus ihrem in Blau und Rot gehaltenen Interieur, gesprenkelt mit Irrlichtern in Form von Sumaúma-Kapseln, kehrten die Untermieter in die Casa da Arara zurück, um über den Weg des Performers zu diskutieren.

Die Untermieter stellten sich vor, wie sie die Casa da Arara zur gleichen Zeit verließen, sich dann aber unterwegs trennten. Paulina und der Artist gingen voran zum Largo Caldas, dann die Stufen der Escadinhas de Santa Justa hinunter und blieben unten in der Nähe vom Schuhgeschäft Voga stehen. Davor sollte Leonardo anfangen, sich zu konzentrieren, seine Bemalung überprüfen und dann die hundertsiebenundzwanzig Schritte abzählen. Für Paulina wäre es ein gutes Zeichen, wenn die Ampel an der Rua da Prata zufällig auf Grün stünde. Sollte das der Fall sein, konnte der Performer, von Osten her kommend, plötzlich, wie aus den Wolken gefallen, in der Menge auftauchen. Diese Entscheidung war übrigens lange diskutiert worden, denn nach Leonardos Ansicht musste zumindest beim ersten Auftritt sein Weg am Triumphbogen der Rua Augusta beginnen, von wo er durch die Fußgängerzone weitergehen und dabei schon aller Blicke auf sich ziehen konnte, sodass er beim Eintreffen am Ort seiner Darbietung bereits von Leuten umringt wäre. Paulina jedoch hatte anders entschieden.

Die in den Stein des Triumphbogens geschnittene Inschrift VIRTUTIBUS MAIORUM, die sie selbst anfangs für ein würdiges Motto gehalten hatte, von den Altvorderen an künftige, besonders Mutige gerichtet, hatte sich als das Gegenteil herausgestellt. Sie war in erster Linie als Ehrung der Toten und Vorfahren gedacht. An jenem Abend – zwei oder drei Tage vor dem ersten Auftritt – hatten alle Untermieter der Casa da Arara den in das vornehmste Portal der Stadt gekerbten Spruch als Verhöhnung empfunden. Selbst Gamito war zu dem Schluss gekommen: »Vielleicht sind wir gar nicht von hier, sondern von woanders.« Er fand, der Performer müsse am Premierentag schnell von Osten her wie aus dem Nichts auftauchen. »Du musst urplötzlich da sein, mitten in die Menge platzen. Du selbst musst das Gefühl haben, als wärst du aus dem Hintern eines Riesenvogels gefallen, Mann!« Und da er einen schönen Strich hatte, griff Gamito zu einem Kohlestift und zeichnete im Handumdrehen die Gestalt des *Static Man,* wie er mit dem Stufenkasten auf dem Rücken auf die Rua Augusta herabsank.

Wir machten uns also auf den Weg. Dicht hinter Paulina und dem Performer gingen wir die Rua da Tabaqueira entlang, überquerten den Largo Caldas, stiegen die Santa-Justa-Treppe hinunter, erreichten den Eingang vom Voga, aber ab da trennten wir uns. Genau wie er es geübt hatte, überprüfte Leonardo dort seine Bemalung und begann mit dem Abzählen der hundertsiebenundzwanzig Schritte, die ihn an die exakt richtige Stelle bringen sollten. Günstigerweise sprang auch die Ampel an der Rua da Prata auf Grün. Als der Künstler den letzten Schritt tat, befand er sich mitten auf der ersten Kreuzung. Dies war der Knotenpunkt, zu dem vier Fußgängerstraßen Flutwellen von hastenden, einkaufenden Menschen spülten. An dieser Stelle hätte Leozinho wie aus dem Nichts auftauchen sollen. »Yeah!«, sagte der Performer, bereits konzentriert, als er zum strategischen Punkt der Straße vordrang. Und natürlich wäre es ihm lieber gewesen, wenn er wie aus dem Nachmittagsdunst auf die Kreuzung herabgesunken wäre. Doch der Artist wusste ganz genau, dass die Umgebung einen sehr hohen Tribut verlangte, und war in der Lage, den Weg hinter sich zu bringen. »Paulina!«, rief er noch, innerlich darauf eingestellt, von da ab nur noch zu sich selbst zu sprechen. »Ein Taschentuch!« Er wusste auch, dass er dem Lärm der Straßen, ihrem Gestank und ihren Abgasen sowie den sich bewegenden Schatten der Vorübereilenden entrücken musste. Um die Konzentration, in der er sich seit dem Voga befand, nicht absinken zu lassen, musste er sich nun die großartigsten Passagen von *Einstein on the Beach* ins Gedächtnis rufen. »Los jetzt!« Im selben Atemzug setzte Leonardo den Kasten ab, holte ein Bündel heraus, zog an der Schnur, küsste seinen Puls, entrollte die Decke, schüttelte sie mit den kontrollierten Bewegungen eines Artisten und sah sich um, wo auf dem Pflaster er sie ausbreiten konnte.

Leozinho stand zwischen der Agfa-Reklame und der Schneiderei Corrêa und rührte sich nicht mit seinem weiß verkleisterten Haar, alles, Gesicht, Körper und Bekleidung, in derselben Farbe, abgesehen von dem schwarzen Tuch, das über dem Kasten und den Stufen lag, und dem Spruchband mit dem aufgemalten Satz. Straff aufgerichtet, den rechten Arm halb erhoben, als wollte er ein Insekt verscheuchen, reckte sich seine Gestalt spöttisch und rätselhaft höher als die Türen der Geschäfte. Und deshalb standen die Passanten wie gebannt da, unfähig, ihre Einkaufswege fortzusetzen. Paulina lehnte still an der Ecke des Hotel Francfort. Nicht weit von dort ließen Blinde Flöten und Leierkästen jaulen, und Straßenmaler bedeckten die Pflastersteine mit tränenreichen Madonnen. Spielzeugverkäufer gingen auf und ab und führten an ihren Händen hängend kleine Tanzpuppen vor. Mittendrin bannte Leonardo mehr Passanten ans Pflaster als alle anderen zusammen. Hundertfünfzig Menschen standen da und sahen ihn an, starrten ihn an, beäugten ihn verblüfft, genau so, wie er es sich gewünscht hatte. Wir alle übrigens hatten es uns gewünscht, aber jetzt war es doch überraschend, dass eine so beachtliche Menge so beharrlich stehen blieb. Stimmte es wirklich, was unsere Augen sahen?

Paola d'Agostino
Largo das Necessidades

Ich lebe mit einem Fadista zusammen. Rogério Domin-
guez Boasorte Feriado. Tagsüber geht er in die Stadt und
fotografiert Bougainvilleen in der Sonne, abends dann
singt er in einem roten Sakko in Lokalen für Touristen
mit goldenen Manschettenknöpfen die wehmütigen Weisen von Amália Rodrigues. Ein Fadista ist ein Sänger
vergangener Zeiten, ein Sänger getragener Melodien und
Rhythmen. Ein Fadista singt nur traurige Lieder – das jedoch mit einer Heiterkeit, die unendliche Frühlinge und
unendlich viele Jahreszeiten des Herzens heraufbeschwö-
ren kann.

Ich wohne mit ihm in einem gemieteten Zimmer, in
einer Art Pension für traurige Verrückte wie die anderen
beiden – ein eleganter Zigeuner und seine Freundin, eine müde Tänzerin. Das Haus hat Türen für tausend Ad-
jektive, unendlich viele Seelenzustände finden dort Platz
wie Schwalben auf Fenstersimsen, und die Wörter aller
Sprachen reichen nicht aus, um die Geschichten so vieler
Leben zu erzählen.

Die Stadt, die sich morgens von der Veranda aus
öffnet, ist Lissabon, die alte Dame mit dem staubigen
Mantel, ein schwindelnder Reigen aus Lapislazuli, Rosa, Violett, Ocker, Smaragdgrün und roten Blumen. Die
Hexenstadt, die einen in Bann zieht mit ihrem Zauber
und mit ihrem Schweigen und ihrer Wehmut nicht mehr
loslässt. Lissabon ist ein Kreuzungspunkt aus Straßen
mit tausend Ecken, Tauben, Träumen und Mondschein,
die den Himmel von allen Giften und allen Schmerzen
läutern.

Eine Treppe, flankiert von einem Geländer, führt zu
einem Plätzchen zwischen den Häusern: knapp zwanzig
Quadratmeter zwischen gekachelten Fassaden mit Zeichnungen von Schiffen, Segeln und Schmetterlingen, die
junge Damen von damals umflattern. Alles eingebrannt

in die Glasur, die das Geheimnis des Hauses, das Scheppern der Teller, den gärenden Wein überdeckt.

Am Largo das Necessidades gab es eine Terrasse ganz in Ziegelrot, wie von einer transparenten Unruhe überzogen. Von dieser Terrasse aus sah ich den Platz ringsherum, den Palácio das Necessidades mit seinem Portikus, Säulen mit Vögeln, so regelmäßig wie die Fenster, und hinter den Fenstern Männer, die Siege und Verderben beschworen. Auf der anderen Seite des Platzes, gegenüber dem Palast: eine lange, leicht ansteigende Treppe aus grauem Bruchstein, durchsetzt mit Blau in Sommermotiven, Schiffen und Fahnen – Stufen eines Patchworks aus Sirenen, als würde unten das Meer liegen. Statt des Meeres ein Park, winzig, denn der Largo das Necessidades ist im Grunde schmal, ein Hof mit grünen Flecken. In dem kleinen Park stehen ein paar Bänke unter Bäumen und ein paar Spielgeräte für Kinder. In der Mitte ein Rondell, wo man schreiben oder sonst etwas machen kann, und um sechs Uhr abends Schatten. Der Rest ist Regen, Winkel, ein Holzpodest vor einem Café, eine englische Telefonzelle, Bougainvilleen, Fotografien.

Dort findet man das Stimmengewirr der Welt, die ihre Farben erfindet, während sie sie aufträgt. Ein Regisseur, der das Stichwort für die Hauptdarstellerin in einem Stummfilm sucht, ein betrunkener Taxifahrer, der dich nach dem Heimweg fragt, eine junge Frau, die wütend wird, weil sie verliebt ist, und daneben ein Mann, der Angst vor ihr hat. Tauben, Vogelschwärme und Wind, wenn die Sonne untergeht, ein Gärtner in *Winter*kleidern und ein kleines Mädchen, das so tut, als sei es der *Frühling*. Am Rondell spielen ein paar alte Männer ein altes Kartenspiel.

Dann kommt die Nacht, der *Frühling* geht zusammen mit allen anderen nach Hause, nur wir nicht.

Eine Flanke des Parks bildete ein erdbeer-heidelbeerrotes Haus. Und oben eine Terrasse, die aus Unruhe gemacht schien. In einem bitteren, kräftigen, eigenwilligen Rot. Schreiend.

Nummer 22: Auf der dritten Etage war unser Zuhause. Lange bevor daraus die Pension Beirabismo wurde. Und das Haus hatte einen Korridor, so lang wie eine unauslöschliche Erinnerung.

Zehn Jahre sind vergangen, der Brand in jener Nacht hat alle Wände mit sich gerissen. Flammen, Rauch, eine infernalische Hitze, nichts konnte dem Feuer entrinnen. Rogério war bei der Arbeit, bei seinen Fados und seinen Touristen, die Tänzerin malte Bilder an die Wände, und ich sah mich im Spiegel meines schwarzen Schreibhefts, als der Zigeuner den Mond betrachtete und merkte, dass ganz in unserer Nähe ein Teil der Stadt brannte und es zu spät war für alles, was es auch sei, für die Bilder, für unsere Einsiedelei, für alle Leben und alle Elevadores. Ein Brand war ausgebrochen, und die Stadt verbrannte mit ihren Erinnerungen die letzten Sternentropfen, die jemand eines Tages wieder aufbauen würde. Eine ganze Stadt loderte, eine Stadt aus Holz und Wendeltreppen, Altanen, Pianos und Sakristeien alter Kirchen, Holz, das alles ausfüllte, Häuser, die so dichtgedrängt standen, dass nicht einmal ein Wunder sie retten konnte, Frauen am Herd, Männer bei der Arbeit. Auch unser Haus war aus Holz, ringsherum waren Gärten und andere Häuser, erbaut aus den Stämmen der gleichen Bäume. Als die Flammen übergriffen, schien sich vor uns ein Abgrund aufzutun, und alles fiel, Ziegel auf Ziegel, Holz auf Holz, und wir dort drinnen versuchten, die Tänzerin zu retten, die sonst gestorben wäre, weil sie sich nicht von der Stelle rührte. Rogério kam von der Arbeit nach Hause und fand uns alle unter dem Portikus des Palácio das Necessidades, jeder mit den Überresten, die er, den Flammen trotzend, gerettet hatte. Dort standen wir, reglos, als Rogério mit seinem resignierten Gesichtsausdruck wieder, wie immer, dieses Scheißlied anstimmte: *Tudo isto existe, tudo isto é triste, tudo isto é fado* – all das gibt es, all das ist traurig, all das ist Fado.

Rui Zink
Hotel Lusitano

Wir stiegen im Hotel Lusitano ab, einer vierstöckigen Spelunke am Hintern des Hotel Mondial, bei dem wir vorher einen Blick auf die Preise riskiert und prompt von einer Einquartierung Abstand genommen hatten. Auf jeden Fall befanden wir uns mitten im Zentrum der Stadt, und das war das Wichtigste. In weniger als einer Minute war man am Rossio, dem Hauptplatz. Das Mondial lag nämlich hinter der Praça da Figueira, die direkt hinter dem Rossio lag. Der wiederum, wie gesagt, der Hauptplatz und somit das Zentrum ist. Auf den ersten Blick ein verwirrendes Durcheinander, aber vor Ort idiotensicher. Ich schwöre, das ist wirklich so. Skeptiker können sich meinetwegen persönlich davon überzeugen.

Lissabon war hübsch, ein Stück Erde, das uns mächtig beeindruckte.

»Dieses Licht, mein Gott, dieses Licht!«, war Larrys Standardsatz bei unserem ersten Vormittagsspaziergang durch die Stadt. Kaum zu glauben, dass es schon Oktober war. Wir gingen beide in T-Shirts.

»Schau doch mal im Reiseführer nach, ob es da in der Nähe einen Strand gibt.«

Es gab einen, nur zwanzig Busminuten entfernt. Wir beschlossen, an einem der nächsten Tage hinzufahren. Ein solcher Ausflug würde uns vielleicht weiterbringen auf unserer Jagd – meiner nach einer Geschichte und Larrys nach malerischen Motiven; das, was wir suchten, konnte man grundsätzlich überall finden.

Lissabon, das sah man auf den ersten Blick, war eine schöne, aber verluderte Stadt. Eine Art Humphrey Bogart auf Weiblich. Die Gebäudefassaden trugen die Signatur des Verfalls: abbröckelnder Putz, zerbröselnder Stein, schimmelbefallener Beton, Flechten, die sich mit aller Kraft in die Bausubstanz hineinkrallten.

Die Massen, die sich durch den Chiado wälzten – so nennt sich die Tiffany's Street von Lissabon –, bestanden natürlich physiologisch aus den unterschiedlichsten Typen. Vorherrschend war aber zweifellos der kleine Untersetzte, sowohl bei den Männern als auch bei den Frauen. Outfit dunkel bis dunkelblau, schwarz, grau oder braun ... Und in den Gesichtern drückte sich eine chromatisch analoge Geistesverfassung aus. Plastiktüte in der einen, Aktenköfferchen in der anderen Hand, ruckelten sie hierhin und dorthin, orientierungslos wie Autoscooter auf einem Provinzjahrmarkt.

Am Rossio überraschte uns die große Anzahl von, wie Larry es bezeichnete, suspekten Gestalten: Hausfrauen, Schmuggler, Dealer, Schuhputzer, Lotterieverkäufer und Keiler für diverse andere Glücksspiele, Polizisten (manchmal schien mir, in Lissabon gebe es mehr Polizisten als Mütter), Infostand-Typen, Blumenverkäufer, Taschendiebe und viele beschäftigungslose Eckensteher. Eine Spielart der mexikanischen Siesta – mit dem Unterschied, dass die Leute hier im Stehen schliefen, ohne Sombreros.

Was der Stadt eine gewisse Klasse verlieh, war der Fluss, breit und blau wie ein zweiter Himmel. Fischerboote, zerbrechliche Barkassen und Öldampfer lagen auf ihm vor Anker, gleich vis-à-vis der beiden großen Plätze. Zum einen die Praça do Comércio, flankiert von ihren Arkadengängen, der einstigen Bühne feingesponnener Staatsintrigen, Ränkespiele und Konspirationen. Heute dienten sie als Überdachung für Verkaufsstände, wo mit Briefmarken, Fußballerbildchen und alten Münzen gehandelt wurde, mit Zeitungen, Zeitschriften oder Büchern aus zweiter bis vierter Hand. Ein fieberhaftes Treiben, Schieben und Drängen war dort im Gang, Menschen, die sich gegenseitig überrannten in der Hast, eines der Schiffe zu erwischen, die sie auf die andere Seite des Tejo brachten.

Dort drüben lagen die kleinen Schlafstädte, ausnehmend hässlich, hineingeboxt zwischen Industriekomplexe mit Schloten, deren Rauchzeichen auch auf unserer

Seite noch sichtbar waren. Aus den Fabriken drüben strömten ebenfalls die Arbeitermassen; sie eilten der Fähre in die Gegenrichtung zu. An beiden Ufern des Tejo hatten die Pendler nur ein Ziel: unbeschadet heimzukommen nach einem Arbeitstag im *Ausland*.

Der andere Platz – bekannt als Campo das Cebolas oder ›Zwiebelfeld‹ – diente irgendwie als After des sehr vornehmen Terreiro do Paço. Womit wir also abermals auf eine urbanistische Konstellation stoßen, wie sie einige Seiten weiter oben beschrieben wurde, jenes Hintereinander von Rossio und Praça da Figueira, in deren Mitte ein anachronistischer Bronzekrieger hoch zu Rosse thronte. Der Campo de Cebolas besaß zwei Palmenreihen, die auf ein Haus hindeuteten, dessen Front mit reliefartigen Miniaturpyramiden bedeckt war. Nicht unbedingt hübsch, aber durchaus kurios. Und vor allem seltsam drollig.

Der Fluss hatte eine wunderschöne Brücke, ganz nach dem Muster von San Francisco. Sie formte ein langschenkeliges großes M, breit über die Fluten gespannt und in Dalíscher Manier aufgehängt an zwei Paar Spinnenbeinen. Ein stählernes Monument für die Herrschaft des am längsten dienenden Diktators des 20. Jahrhunderts, der, wie man mir sagte, als Rekordhalter in diesem Fach bereits im Guinness-Buch der Rekorde verewigt war. Jenseits des Flusses erhob sich auf einem Hügel eine gigantische steinerne Christusfigur und begrüßte die Schiffe mit ausgebreiteten Armen. Eine nicht uninteressante Abwandlung der Freiheitsstatue, wie wir sie hier in New York haben. Doch wieso die ausgebreiteten Arme? Wurde Christus gerade überfallen?

»Muss herrlich sein, die Stadt von da oben zu sehen«, bemerkte Larry. Ein überflüssiger Kommentar, denn ausnahmsweise dachten wir das Gleiche.

Besagter Blick war jedoch nicht der einzig schöne Ausblick auf Lissabon. Es gab geradezu ein Überangebot an solchen Ein- und Aussichten, so als würde die Stadt an Multiperspektivitis leiden.

Das ist folgendermaßen: Lissabon erhebt sich auf einer Reihe von Hügeln (laut Legende sieben an der Zahl, aber ich habe mindestens zwanzig gezählt), und deshalb gibt es dieses ständige Auf und Ab wie bei einer Berg-und-Tal-Bahn.

Es genügt also, irgendein x-beliebiges Gässchen hinaufzugehen, um plötzlich vor einem Panorama zu stehen, das Applaus, Jubel und Dacapo verdient hätte.

Die Namen sprechen für sich: Vom Bairro Alto (der Oberstadt) sah man das Schloss São Jorge, vom Schloss das Bairro Alto und die Graça, von der Graça das Schloss und das Viertel Madragoa, vom Park Eduardo VII. den Rest der Stadt und so weiter. Vom Bairro Alto überblickte man auch den Park und die Graça, vom Schloss den Rossio und die Mouraria. Seltsam, je weiter sich die Stadt vom Fluss und vom Meer weg ins Flachland erstreckte, um so flacher wurde sie. Wie eine Katze, die sich vor dem Wasser sträubt. Hier im Landesinneren wuchsen die Neubauten aus dem Boden, himmelstürmende Wohnanlagen mit breit hingeworfenen Betonklötzen, kreuz und quer, wie Dick neben Doof, vereint in einem wunderbaren Chaos, um das Schaukarussell des Betrachters in Schwung zu halten. Dort draußen hätte die Stadt sich selbst nicht wiedererkannt, sie war richtungslos geworden wie ein schlapper Ballon.

Wie könnte es auch anders sein, so weit weg vom Fluss?

Je tiefer man in den modernen Teil eindrang, desto unweigerlicher nahm Lissabon einen aschfahlen Ton an, frühzeitig zerknittert von übermäßigem Gebrauch, mit Anzeichen vorzeitigen Alterns, wie ein junges Mädchen, das vom Heroin aufgefressen wird.

Mit anderen Worten: Innerhalb ein und desselben Raumganzen gab es eine reiche perspektivische Vielfalt. Es war, als sei jeder dieser Aussichtspunkte ein Mensch für sich, mit seiner persönlichen, subjektiven Sicht der Dinge.

Eine Straße bis zum höchsten Punkt hinaufzuspazieren dauerte in der Regel nicht länger als fünf bis zehn

Minuten, laugte einen aber ganz schön aus. An jenem Morgen wanderten wir durch das Bairro Alto. Man hätte das Viertel auch per Aufzug oder mit einem Autobus erreichen können, aber in alter Entdeckertradition wollten wir unsere ersten Erkundungsgänge zu Fuß unternehmen.

Ein bezaubernder Ort, dieses Bairro Alto. Entschuldigen Sie, aber an manchen Stellen kann ich nicht anders, als den Reiseführer zu mimen. Deswegen gleich ein Zitat daraus:

Bairro Alto. Ein bezaubernder Ort mit gewundenen Gässchen, wo das Volk einst den wilden Fado trällerte und die Fischweiber die Früchte des Meeres anpriesen, die köstliche Sardine beispielsweise, die in der Pfanne gebraten das Herz jedes »Alfacinha«, wie man die Lissabonner scherzhaft nennt, höher schlagen lässt, wo die Frauen weiße Wäsche aus den Fenstern hängen, damit die goldene Sonne sie trocknet und wohlriechend macht. Heute noch birgt das Bairro Alto an jeder Ecke ein Geheimnis. Man findet malerische Restaurants mit volkstümlicher Musik und angenehmer Atmosphäre, in der Rua da Atalaia zum Beispiel das ...

Wir aßen im Bairro Alto zu Mittag, in einer Cervejaria. Larry bestellte ein *bife,* ein gebratenes Stück Fleisch, mit Spiegelei *sunny side up,* rittlings über Pommes frites und Sauce gegrätscht. Wir begossen das Mittagsmahl mit Bier, dem obligatorischen Getränk des gesamten Saals. Die Atmosphäre sagte uns zu, es war so richtig gemütlich hier. Der Saal war Länge mal Breite mit Azulejos gekachelt, auf denen halbnackte Weiber, das klassische Schönheitsideal, zu Allegorien der diversen Lebenselemente stilisiert waren: Wasser, Liebe, Jahreszeiten, Erde, Luft, Feuer, Flüsse, Atommülllager. Die Kacheln waren schon in die Jahre gekommen, was dem Ort erst die richtige Patina gab.

Wir gaben Trinkgeld im Gegenwert von einem Dollar. Da wir die hiesigen Bräuche noch nicht kannten, beobachteten wir verstohlen einen Nebentisch, wo ein hoch-aufgeschossener Kerl, ausgerüstet mit einem zierlichen Richterhammer, an einem langustenähnlichen Ding herumzuzelte. Auf dem Tisch, zwischen Kaffeetasse und Schnapsgläschen, bauschten sich zwei dicke Geldscheine über eine Untertasse. In Lissabon sei möglichst lissabon-nerisch.

Inês Pedrosa
Eine Liebe in der Stadt

Zartgefühl und Genauigkeit. Die Tugenden der Liebe waren die Prinzipien ihrer Arbeit. Nie hatten sie etwas anderes getan. Sie malte zwar. Es empörte ihn, dass sie malte. Diese Empörung trug ein hohes Maß Faszination in sich. Oceano hatte Angst, sich lächerlich zu machen, das machte ihn zu einem Vorkämpfer der Demut. Er fürchtete, nicht auf Augenhöhe mit seinen eigenen Träumen zu sein, und tauschte sie, kaum geboren, gegen eine beispielhafte Pflichterfüllung ein. Er war weitaus perfekter als Luna in der Wiederherstellung der Strukturen, bei der Kopie der Farben und Materialien. Dennoch wusste er, dass ohne Lunas Hilfe alle Restaurierungsarbeiten unvollständig bleiben würden.

Luna ließ sich gern ablenken, lange lehnte sie aus den grünen Fenstern des Museums und betrachtete den Tanz des Lichts auf dem Fluss, dabei redete sie ununterbrochen. Ihr schien, dass er ihr fast nie zuhörte; das machte ihr Lust, aufrichtig zu sein, so aufrichtig, dass sie langsam von ihm abhängig wurde, um sich selbst kennenzulernen. Und dann wurde Oceano krank, als Luna, die Verbotene Frucht, ihm sagte, dass die Liebe schließlich doch kleiner war als das schlechte Gewissen. Wäre es möglich, ohne Heimlichkeiten zu leben? Ohne das Feuer der Küsse auf dem Rücksitz eines Taxis, ohne fast platonische Picknicks mittags am Ufer des Teichs im Park Eduardo VII., mit Herzrasen, den Körper im anderen Körper an einem fiebrigen Frühlingsabend auf einer Parkbank im Botanischen Garten?

Und was mache ich jetzt? Oceano räumte die Teetassen ab und dachte das Gleiche wie Luna: Und was mache ich jetzt? Dieser Besuch war so unerwartet, in all den Jahren der Zusammenarbeit war Luna nie zuvor zu ihm nach Hause gekommen.

Er stellte sie sich vor, in dieser höchsten Schamlosig-
keit im Botanischen Garten, bei der Liebe in der Öffentlichkeit, wobei sie die Lust bis zum Schluss geknebelt und
tausendjährigen exotischen Bäumen sowie den Gesetzen
des demokratischen Staates getrotzt hatten. Er stellte sie
sich vor und wurde wütend. Er zeigte ihr Kinderfotos,
Zeichnungen aus seiner Jugend, Skizzen von verschiedenen Dingen.

»Siehst du, dass du an deine Malerei glauben musst?«
Nein. Oceano sah nichts.

»Es lohnt sich nicht, es ist sehr kompliziert, es gibt so
viele Leute, die malen. Ich will nur in Frieden leben.«

»Das geht nicht. Frieden ist etwas für Tote. Und nicht
mal für alle Toten, scheint mir.«

Oceano fand, dass Luna sich zu sehr vom Schein leiten
ließ. Er lächelte sie an und bat: Bleib noch eine Weile. Iss
mit mir zu Abend.

Eine Woche darauf kündigte sich ein Sternenregen an.
Als hätte sich der Himmel in eine persönliche Kupplerin
verwandelt.

»Alle verlassen die Stadt. Sie sagen, hier kann man
die Sterne nicht sehen. Mir scheint, wenn alle ihre Türen
schließen und das Licht löschen würden, könnten wir die
Sterne nur für uns allein haben. Was meinst du?«

Oceano zuckte mit den Schultern; das war seine Art,
Begeisterung zu zeigen.

»Solange du mit mir nicht in einen Park gehst …«
»Aber du hast Parks doch immer gemocht.«
»Ich hasse sie. Sie sind unerträglich vulgär.«
»Darf es ein Boot sein?«

Sie zählten nur fünf Sternschnuppen, die für ihre
Bedürfnisse auch wirklich ausreichend waren. Es ist
schwierig, fünf Wünsche auf einmal zu haben. Besser gesagt, es ist unmöglich, von Lissabon nach Porto Brandão,
Hin- und Rückfahrt mit der Fähre von Belém, mehr als
einen Wunsch zu haben. Bei ihm zu Hause hörte man die
Schreie der Kinder auf den Zinnen, die früher den Mauren gehört hatten, und das Plätschern des Wassers am

Cais das Colunas. Die Tauben flogen herbei und machten sich über die Reste des gerösteten Brots vom Frühstück her. Oceano sah sich Filme an, von denen er noch nie gehört hatte, Luna las Schriftsteller aus entlegenen Ländern, was so viel bedeuten musste wie Ewige Liebe. Sie verbissen sich gemeinsam in die einzige Leidenschaft, die sie besaßen: die Malerei.

Luna fühlte sich schmerzlich glücklich, und der Schmerz steigerte ihre Begabung: Sie malte, sie malte immer mehr. Die Wehmut verwandelte die Parks von Lissabon in verwunschene Wälder. Lunas Bilder wurden zahlreicher. Oceano sah sie immer weniger an, und hin und wieder verschwand er aus dem Museum, ohne ihr etwas zu sagen. Luna verkroch sich in der Cinemateca, um auf andere Gedanken zu kommen. Sie ging sogar in den Zoo, aber die Vorstellung, dass sie sich nie mehr in Parks lieben lassen würde, machte sie schwindeln vor Trauer. Die Orte, die sie immer gemeinsam aufgesucht hatten, waren genauso niederschmetternd, abgesehen davon hatte Luna nicht den Mut, auf dem Rummelplatz allein mit der Achterbahn zu fahren. Sie stopfte sich voll, mit Kuchen, Freunden, Anekdoten.

Als Luna die Möglichkeit zu ihrer ersten Einzelausstellung bekam, bot Oceano ihr seine Hilfe an. Man musste ihre Wälder in ein restauriertes Lagerhaus bei den Docks bringen. Ein idealer Ort, sagte sie wieder und wieder und hüpfte auf der Tejo-Promenade umher. Sie hatten es sich nun zur Gewohnheit gemacht, nach Feierabend vom Museum zum Fluss hinunterzugehen und dann zu Fuß oder mit der Straßenbahn ganz langsam am Ufer entlang ins Stadtzentrum zurückzukehren.

Am Abend der Vernissage sprach Luna auf allen Fernsehsendern und auf drei Radiostationen.

Oceano ging lange vor dem Ende mit einer Büroangestellten im Arm weg. Luna dachte: Es gibt keine Liebe ohne den Hauch einer Enttäuschung, und sie ging dazu über, Oceano mit aller Willenskraft zu ignorieren.

Sie restaurierten noch immer gemeinsam das Gemälde der Josefa de Óbidos, das Luna so gefiel. Sie mussten erfahren, dass in alten Beziehungen sehr viel eher Gefahr lauerte als in allen anderen. Man konnte einfach nicht aufhören, den anderen zu mögen, und deshalb sagte sie eines Tages: »Bis morgen«, und kam nie mehr zurück.

Sechsunddreißig Jahre später trafen sie sich im Park des Gulbenkian-Museums wieder. Sie hielten sich die Hand, wie sie es früher nur im Kino getan hatten – und auch das nur in Kinos, wo es während des Films keine Pause gab; das waren ihre Lieblingskinos –, und gingen hinter die Freilichtbühne. Manche sagen, dort seien sie noch immer.

Antonio Tabucchi
Der Geschichtenverkäufer

Der Geschichtenverkäufer senkte den Arm und hielt mir
die Hand hin, als ob er mir etwas anböte. Ich schenke
Ihnen den Mond dieser Nacht, sagte er, und ich schenke
Ihnen die Geschichte, die Sie gern hören würden, ich
weiß, dass Sie gern eine Geschichte hören würden. Ich
würde jetzt wirklich gern eine hören, sagte ich, ich würde jetzt tatsächlich gern eine hören, aber bitte, es darf
keine sehr lange Geschichte sein, ich habe gleich eine
Verabredung auf der Mole von Alcântara und möchte
nicht zu spät kommen. Kein Problem, sagte der Geschichtenverkäufer, Sie brauchen sich nur auszusuchen,
was für eine Art von Geschichte Sie in dieser Nacht gerne hören würden. Nun, sagte ich, ich wollte Sie um eine
Information bitten, ich glaube, ich muss die Person, mit
der ich verabredet bin, zum Abendessen einladen, Sie
kennen die Stadt doch gut, vielleicht können Sie mir sagen, ob es in Alcântara ein vernünftiges Restaurant gibt.
Und ob, mein Herr, sagte der Geschichtenverkäufer, genau gegenüber der Mole gibt es ein Restaurant, das früher einmal eine Bahnhofshalle oder so etwas Ähnliches
war, inzwischen wurde sie in einen multifunktionellen
Ort der Begegnung umgewandelt, es gibt dort ein Restaurant, eine Bar, eine Diskothek und wer weiß, was
noch, es ist etwas sehr Modisches, ich glaube, es ist ein
postmodernes Lokal. Postmodern, sagte ich, in welcher
Hinsicht postmodern? Das kann ich Ihnen auch nicht
erklären, sagte der Geschichtenverkäufer, ich meine, es
ist in vielen Stilen eingerichtet, also, es ist ein Restaurant mit vielen Spiegeln und undefinierbarer Küche, mit
einem Wort, es ist ein Lokal, das mit der Tradition gebro-
chen hat, indem es die Tradition weiterführt, sagen wir,
es scheint das Resümee verschiedener unterschiedlicher
Formen zu sein, meiner Meinung nach besteht genau darin die Postmoderne.

Der Kellner hatte seine Haare zu einem kleinen Pferde-
schwanz zusammengebunden, trug eine eng anliegende
Hose und ein rosa Hemd. Ich bin Mariazinha, sagte er
mit strahlendem Lächeln, und dann fragte er, indem
er sich an meinen Gast wandte: Sie haben doch nicht
zufällig etwas gegen Mariazinhas? Mein Gast musterte
Mariazinha von oben bis unten und fragte mich: *Is he
mad?* Nein, antwortete ich, das glaube ich nicht, er ist nur
fröhlich. *Can a homosexual be merry?*, fragte mein Gast,
what's all that about?

Mit den Hüften wackelnd ging Mariazinha weg und
kümmerte sich um einen Herrn, der allein an einem Eck-
tisch saß. Wohin haben Sie mich bloß gebracht?, sagte
mein Gast, was ist das für ein Lokal? Ich weiß nicht, antwortete ich, ich bin zum ersten Mal da, es wurde mir
empfohlen, es scheint ein postmodernes Lokal zu sein,
entschuldigen Sie, wenn ich es Ihnen sage, aber möglicherweise sind Sie nicht ganz unschuldig an alldem,
ich meine, an der Postmoderne. Das verstehe ich nicht,
sagte mein Gast. Nun, fuhr ich fort, ich dachte an die
Avantgarde, an das, was die Avantgarde gemacht hat, ich
verstehe noch immer nicht, sagte mein Gast. Nun, fuhr
ich fort, wenn man es recht betrachtet, war es die Avantgarde, die die Dinge aus dem Gleichgewicht gebracht
hat, so etwas hinterlässt Spuren. Aber hier ist alles so
gewöhnlich, sagte er, wir waren elegant. Das denken *Sie*,
sagte ich, aber ich stimme Ihnen nicht zu, der Futuris-
mus zum Beispiel war gewöhnlich, er mochte Lärm und
Krieg, ich glaube, dass er auch eine gewöhnliche Seite
hatte, ich würde sogar sagen, Ihre futuristischen Oden
haben etwas Gewöhnliches an sich. Deshalb wollten Sie
mich sehen?, fragte er, um mich zu beleidigen? Eigentlich
wollte nicht ich Sie sehen, erklärte ich, sondern Sie wollten mich sehen. Nun, ich habe Ihre Botschaft erhalten,
sagte er. Das ist stark, sagte ich, heute Morgen habe ich
ruhig unter einem Baum in Azeitão gesessen und gelesen,
Sie haben mich zu sich gerufen. Schon gut, sagte mein
Gast, wie Sie wollen, wir werden uns nicht streiten, sagen

wir, ich würde gerne wissen, was Ihre Absichten sind. In Bezug worauf?, fragte ich. In Bezug auf mich, zum Beispiel, sagte mein Gast, in Bezug auf mich: Das interessiert mich. Sind Sie zufälligerweise etwas egozentrisch?, fragte ich. Natürlich, antwortete er, aber was soll man machen, alle Dichter sind egozentrisch, und mein Ego hat ein ganz besonderes Zentrum, übrigens, wenn ich Ihnen sagen wollte, wo sich dieses Zentrum befindet, wüsste ich es nicht. Über das, was Sie mir gerade sagen, habe ich mir einige Gedanken gemacht, sagte ich, ich habe mein Leben damit verbracht, mir über Sie Gedanken zu machen, und jetzt habe ich genug davon, genau das wollte ich Ihnen sagen. *Please,* sagte er, Sie werden mich doch nicht mit Menschen allein lassen, die keine Zweifel haben, das sind schreckliche Leute. Sie brauchen mich nicht, sagte ich, erzählen Sie mir keine Geschichten, die ganze Welt bewundert Sie, ich habe Sie gebraucht, aber jetzt möchte ich aufhören, jemanden zu brauchen, das ist alles. Haben Sie sich nicht wohl gefühlt in meiner Gesellschaft?, fragte er. Nein, antwortete ich, sie war sehr wichtig, aber sie hat mich beunruhigt, ja, sagen wir, sie hat mich beunruhigt. Ach ja, bestätigte er, bei mir ist das letztendlich immer so, aber hören Sie, glauben Sie nicht, dass die Literatur genau das tun muss, beunruhigen? Was mich anbelangt, so habe ich kein Vertrauen in eine Literatur, die das Gewissen beruhigt. Ich auch nicht, stimmte ich zu, aber schauen Sie, ich bin selbst schon unruhig genug, Ihre Unruhe gesellt sich zu meiner und verursacht Angst. Mir ist Angst lieber als ein fauler Friede, behauptete er, von beiden ist mir die Angst lieber.

Mein Gast hob das Glas. Stoßen wir an, sagte er. Einverstanden, stimmte ich zu, worauf stoßen wir an? Auf das kommende Jahrhundert, sagte er, das habt ihr wirklich nötig, dies war mein Jahrhundert, und ich bin ganz gut mit ihm zurechtgekommen, aber wer weiß, was für Probleme ihr mit dem haben werdet, das vor der Tür steht. Wer ist »ihr«?, fragte ich. Ihr, ihr alle, die ihr jetzt lebt, antwortete er, ihr Menschen der Jahrhundertwende.

Probleme haben wir bereits genug, sagte ich, wir haben es wirklich nötig, darauf anzustoßen. Ich möchte auch auf den Saudosismo trinken, auf unseren Hang zur Nostalgie, sagte mein Gast und hob aufs Neue das Glas, ich habe Sehnsucht nach dem Saudosismo, der Ärmste, heute gibt es keine Saudosisten mehr, dieses Land wird furchtbar europäisch. Sie sind Europäer, sagte ich, Sie sind der europäischste Schriftsteller der Literatur des zwanzigsten Jahrhunderts, entschuldigen Sie, aber das hätten Sie sich wirklich sparen können. Wo ich doch nie aus Lissabon hinausgekommen bin, erwiderte er, ich habe Portugal nie verlassen, Europa hat mir zwar gefallen, aber als Idee, auf geistiger Ebene, eigentlich waren es die anderen, die ich in Europa herumgeschickt habe: ein Freund in England, ein anderer in Paris, aber ich nicht, ich blieb still und ruhig im Haus meiner Tante. Bequem, stellte ich fest, wirklich bequem.

Mariazinha kam mit strahlendem Lächeln auf uns zu, der Puder auf ihrem Gesicht begann, aufgrund der Hitze und des Schweißes kleine Klümpchen zu bilden, aber sie bewahrte noch immer ihre heitere Miene. Gut, sagte sie, jetzt erkläre ich euch die Tageskarte, es ist eine poetische Karte, aber die *nouvelle cuisine* verlangt nach Poesie, als Vorspeise haben wir eine »Amor-de-perdição«-Suppe und einen »Fernão-Mendes-Pinto«-Salat, was sagt ihr dazu? Die Namen sind blumig, sagte ich, aber vielleicht könnten Sie etwas deutlicher sein. Gut, sagte Mariazinha, die »Amor-de-perdição«-Suppe ist eine Koriandersuppe mit viel Koriander und Hühnerklein, der »Mendes-Pinto«-Salat ist etwas Exotisches mit Avocados, Krebsen und Sojakeimen. *Am I also to blame for the* nouvelle cuisine?, fragte mein Gast, *I'm not responsible for those horrible names.* Die *nouvelle cuisine* ist wirklich etwas Grauenhaftes, mit dem Sie nichts zu tun haben, sagte ich, Sie haben recht. Spricht Ihr Freund nur Englisch?, fragte Mariazinha, wie langweilig. Und danach, fragte ich sie, was gibt es als Hauptspeise? Nun, sagte Mariazinha, lassen Sie mich ein wenig nachdenken, wir haben einen

»tragisch-maritimen« Barsch, eine »intersektionistische« Seezunge, Aale aus der Gafeira-Lagune auf »Delfin-Art« und Stockfisch à la »Hohn und Spott«. Mein Gast runzelte die Stirn und flüsterte mir zu: *Ask him how the sole is cooked.* Ich fragte, und Mariazinha bekam einen inspirierten Ausdruck. Sie hat eine Füllung auf Schinkenbasis, sagte sie, deshalb ist sie intersektionistisch, Fisch und Fleisch. Mein Gast lächelte spöttisch und nickte. Und die Aale auf »Delfin-Art«, fragte ich, wie werden die zubereitet? Sie werden in ihrem Saft gekocht, sagte Mariazinha, eine Spezialität des Hauses. Und wie wird ihr Saft zubereitet, können Sie mir das sagen? Also, sagte Mariazinha, Sie kennen doch Fischsuppe, oder nicht? Ja, also, ihr Saft ist der Saft, den man gewinnt, wenn man die Aale kocht, so werden sie zubereitet, mit dem Fett der Aale, dem man Salz und Essig zufügt. Diesen Saft, der ausgezeichnet ist, gießt man über die Aale in der Pfanne und lässt ihn aufkochen, eigentlich ist es ein Gericht, das so ähnlich wie *caldeirada de enguias à moda da Murtosa* schmeckt, nur feiner, deshalb nennen wir es Aale aus der Gafeira-Laguna »auf Delfin-Art«. Aber es gibt doch gar keine Gafeira-Lagune, sagte ich, das ist ein erfundener Ort, ein literarischer Ort. Wenn Sie wüssten, wie egal mir das ist, Portugal ist voller Lagunen, eine Gafeira-Lagune lässt sich immer finden.

Fernando Pessoa
Lissabon mit seinen Häusern

Lissabon mit seinen Häusern,
Ihrer Farbenvielfalt,
Lissabon mit seinen Häusern,
Ihrer Farbenvielfalt,
Lissabon mit seinen Häusern,
Ihrer Farbenvielfalt …
Monoton in seiner Buntheit,
So wie mein vieles Fühlen nur Denken provoziert.

Wenn ich mir nachts im Bett, doch wach,
In der unnützen Geitesklarheit des Nicht-Schlafen-
Könnens,
Etwas vorstellen möchte
Und immer wieder etwas anderes aufscheint (weil Müdig-
keit mich übermannt,
Und mit der Müdigkeit auch ein wenig Traum),
Möchte ich den Blick meiner Vorstellung erweitern
Durch ausgedehnte traumhafte Palmenhaine,
Doch sehe ich,
Auf einer Art Innenseite meiner Lider,
Nur Lissabon mit seinen Häusern,
Ihrer Farbenvielfalt.

Ich lächle, denn hier im Liegen, ist es anders.
Durch seine Monotonie wirkt es bunt.
Und da ich ich bin, schlafe ich ein und vergesse, dass ich
existiere.
Es bleibt nur, ohne mich, der ich es vergessen habe,
da ich schlafe,
Lissabon mit seinen Häusern,
Ihrer Farbenvielfalt.

Autoren und Quellen

Sarah Adamopoulos, geboren 1964 in Rotterdam, in Portugal eingebürgert. Schriftstellerin und (Radio-/Online-)Journalistin u.a. bei *O Independente* und *Notícias Magazine*. Sie gibt auch den Blog *lecumedesjours* heraus. – Auszug aus: *Fado Menor,* © Sarah Adamopoulos, Oficina do Livro, Cruz Quebrada-Dafundo 2005. – Übersetzt von Gaby Wurster.

Paola d'Agostino, geboren 1975 in Sapri, Italien; lebt seit 2000 in Lissabon. Philologin und Schriftstellerin. – Auszug aus: *Largo das Necessidades,* © Paola d'Agostino, Fenda Edições, Lissabon 2006 (Originaltitel: *Largo delle Necessità,* Orientexpress, Neapel 2006). – Übersetzt aus dem Portugiesischen von Gaby Wurster.

Germano Almeida, geboren 1945 auf der Kapverdeninsel Boa Vista. Jurastudium in Lissabon. Schriftsteller und Anwalt auf der Insel São Vicente. Auszug aus: *Eva,* © Germano Almeida. Editorial Caminho, Lissabon 2006. – Übersetzt von Gaby Wurster.

Eugénio de Andrade (José Fontinhas), geboren 1923 in Póvoa de Atalaia, starb 2005 in Porto. In den Dreißigerjahren lebte er in Lissabon und begann, Gedichte zu schreiben. Mit *As Mãos e os Frutos* kam 1946 sein Durchbruch als Lyriker, später arbeitete er als Beamter in Porto. 2001 bekam er den Prémio Camões, den höchsten Literaturpreis des portugiesischen Sprachraums. – *Lissabon,* aus: *Stilleben mit Früchten,* © Carl Hanser Verlag, München und Wien 1997. – Übersetzt von Curt Meyer-Clason.

António Lobo Antunes, geboren 1942 in Lissabon. Die Kriegserfahrungen in Angola 1970 bis 1973 inspirierten den Psychiater zu seinen Romanthemen. Der vielfach preisgekrönte Schriftsteller (u. a. Prémio Camões 2007) gilt als einer der bedeutendsten zeitgenössischen lebenden Autoren Portugals. – Auszug aus: *Die natürliche Ordnung der Dinge,* Carl Hanser Verlag, München und Wien 1996, © António Lobo Antunes, für die Übersetzung: Maralde Meyer-Minnemann.

António Alçada Baptista, geboren 1927 in Covilhã, starb 2008 in Lissabon. Anwalt und Literat, Herausgeber, Mitgründer der Zeitschrift *O Tempo e o Modo.* Nach der Nelkenrevolution leitete er die Zeitung *O Dia* und saß 1979 bis 1985 dem Instituto Português do Livro vor. – *Spaziergang durch Lissabon: Die Kioske,* aus:

O Mistério de Lisboa, © Relógio d'Água Editores, Lda., Lissabon 1993. – Übersetzt von Gaby Wurster.

Maria Isabel Barreno, geboren 1939 in Lissabon. Die Historikerin, Philosophin und preisgekrönte Schriftstellerin war in der Frauenbewegung Portugals aktiv. Zusammen mit Maria Velho da Costa und Maria Teresa Horta verfasste sie den feministischen Briefroman *Neue Portugiesische Briefe*. – *Lissabon durch die Jahrhunderte*, aus: *O Mistério de Lisboa*, © Relógio d'Água Editores, Lda., Lissabon 1993. – Übersetzt von Gaby Wurster.

Walter Benjamin, geboren 1892 in Berlin, lebte ab 1933 in Paris im Exil; 1940 beging er vor der drohenden Auslieferung an die Deutschen in Port Bou Selbstmord. Philosoph, Schriftsteller und Literaturkritiker. – *Erdbeben in Lissabon*, aus: *Gesammelte Schriften* VII/1, © Suhrkamp Verlag, Frankfurt a. M. 1989.

Al Berto (Alberto Raposo Pidwell Tavares), geboren 1948 in Coimbra, starb 1997 in Lissabon. Nach seinem Kunststudium in Brüssel widmete er sich ab 1971 ausschließlich der Literatur, er gilt als bedeutendster und originellster Lyriker seiner Generation. – *lissabon*, aus: *Horto de Incêndio – Garten der Flammen*, © Elfenbein Verlag, Heidelberg 1998. – Übersetzt von Luísa Costa Hölzl.

Mário Costa Martins de Carvalho, geboren 1944 in Lissabon. Der Jurist und Journalist war wegen seines Engagements gegen den Estado Novo ins Exil nach Frankreich und in die Schweiz gegangen und wurde mehrfach mit Literaturpreisen ausgezeichnet. Er ist Dozent für Theaterwissenschaften, schreibt für Film und Fernsehen und schuf neben seinen Romanen auch ein bedeutendes dramatisches Werk. – Auszug aus: *Wir sollten mal darüber reden*, © Mario Costa Martins de Carvalho. Für die Übersetzung: Verlag Klett-Cotta, Stuttgart 1997. – Übersetzt von Ralph Roger Glöckler.

Natália de Oliveira Correia, geboren 1923 in Fajã de Baixo auf der Azoreninsel São Miguel, starb 1993 in Lissabon. Die Schriftstellerin und Sozialaktivistin war von 1980 bis 1991 Parlamentsabgeordnete, 1992 gründete sie zusammen mit anderen Literaten die Frente Nacional para a Defesa da Cultura (FNDC). Ihr Club *Botequim* im Stadtteil Graça war Treffpunkt der Lissabonner Intellektuellen. Sie hinterließ auch ein umfangreiches lyrisches Werk. – *27. April 1974*, aus: *Não Percas a Rosa. Diário e Algo Mais*, © Publicações Dom Quixote, Lissabon 1978. – Übersetzt von Gaby Wurster.

Mafalda Ivo Cruz Valente, geboren 1959 in Lissabon. Pianistin, Literaturkritikerin (u. a. für *Público* und *Expresso*) und preisgekrönte Schriftstellerin (u. a. Prémio P.E.N. Clube Português de Ficção 2002). – *Portugiesisches Requiem,* aus: *Um Requiem Português,* © Mafalda Ivo Cruz Valente, Editorial Presença, Lissabon 1995. – Übersetzt von Gaby Wurster.

João Borges da Cunha, geboren 1973 in Lissabon. Architekt und Autor. – Auszug aus: *Amor de Miraflores,* © João Borges da Cunha, Quetzal Editores / Bertrand Editora, Lda., Lissabon 2003 und 2004. – Übersetzt von Gaby Wurster.

Claudia Galhós, geboren 1972 in Lissabon. Schriftstellerin, Radio- und Online-Journalistin für Theater und Tanz. – *In den Nebeln des Castelo de São Jorge,* aus: *Sensualistas,* © Claudia Galhós, Oficina do Livro, Lissabon 2001. – Übersetzt von Gaby Wurster.

Manuela Gonzaga, geboren in Porto, lebte in Mosambik und Angola. Historikerin, wohnt seit 1970 als Journalistin und Autorin in Lissabon. – *Geheime Gärten Lissabons,* aus: *Jardims Secretos de Lisboa,* © Manuela Gonzaga, Âncora Editora, Lissabon 2001. – Übersetzt von Gaby Wurster.

Ana Hatherly, geboren 1929 in Porto. Bildende Künstlerin, Regisseurin und Literatin, Hauptvertreterin der experimentellen Lyrik in Portugal. – Beim abgedruckten Text (im Original ohne Titel) handelt es sich um das Prosagedicht Nr. 50 aus: *Tisanas,* © edition tranvía, Verlag Frey, Berlin 1998. – Übersetzt von Elfriede Engelmayer.

Lídia Jorge, geboren 1946 in Boliqueime, Algarve. Lebt seit ihrem Studium in Lissabon, verbrachte während der Kolonialkriege einige Jahre in Angola und Mosambik, die ihr Werk prägten. Schon ihr erster Roman *O Dia dos Prodígios* (dt. *Der Tag der Wunder,* Beck & Glückler Verlag, Freiburg i. Br. 1989) gilt als ein Hauptwerk der neueren portugiesischen Literatur. Für ihr Werk wurde sie mehrfach ausgezeichnet. – Auszug aus: *Paradies ohne Grenzen,* © Suhrkamp Verlag, Frankfurt a. M. 1997. – Übersetzt von Karin von Schweder-Schreiner.

Irene do Céu Vieira Lisboa, geboren 1892 in Casal da Murzinheira, starb 1958 in Lissabon. Die Pädadogin und Schriftstellerin begann ihre literarische Karriere 1926 als Kinderbuchautorin und machte sich später anhand autobiographischer Notizen die Situation der Frau in der portugiesischen Gesellschaft zum Thema. – *Die Lavra-Bahn,* aus: *Esta Cidade!,* © Editorial Presença, Lissabon 1995 (Selbstverlag 1942). – Übersetzt von Gaby Wurster.

Inês Pedrosa, geboren 1962 in Coimbra, lebt als Journalistin und Schriftstellerin in Lissabon und leitet den literarischen Treffpunkt Casa Fernando Pessoa im Stadtteil Campo de Ourique. – *Eine Liebe in der Stadt,* aus: *O Mistério de Lisboa,* © Relógio d'Água Editores, Lda., Lissabon 1993. – Übersetzt von Gaby Wurster.

Fernando António Nogueira Pessoa, geboren 1888 in Lissabon, starb 1935 in Lissabon. Seine Schulzeit verbrachte er in Durban. Ab 1905 arbeitete er als Übersetzer und Handelskorrespondent in der Baixa. Er gilt als bedeutendster Lyriker der portugiesischen Moderne, er schrieb in Heteronymen und unterschiedlichen Stilrichtungen. – *Im leichten Nebel des Vorfrühlingsmorgens,* aus: *Das Buch der Unruhe des Hilfsbuchhalters Bernardo Soares,* © Amman Verlag, Zürich 2003. – Übersetzt und revidiert von Inés Koebel. – *Lissabon mit seinen Häusern,* aus: *Álvaro de Campos. Poesia – Poesie,* © Ammann Verlag, Zürich 2007. – Übersetzt von Inés Koebel.

José Cardoso Pires, geboren 1925 in Vila de Rei, starb 1998 in Lissabon. Mathematiker, Journalist, Literaturwissenschaftler und preisgekrönter Schriftsteller. – *Literatur unter der Erde,* aus: *Lissabonner Logbuch,* © Carl Hanser Verlag, München und Wien 1997. – Übersetzt von Maralde Meyer-Minnemann.

Erich Maria Remarque, geboren 1898 in Osnabrück, emigrierte 1939 in die USA und lebte abwechselnd dort und im Tessin; der Schriftsteller starb 1970 in Locarno. – Auszug aus: *Die Nacht von Lissabon,* © Kiepenheuer & Witsch, Köln 1962, 1988, 2008.

Amália da Piedade Rebordão Rodrigues, geboren 1920 in Lissabon und 1999 ebendort gestorben, war die bedeutendste Fado-Sängerin Portugals und verfasste einige ihrer Liedtexte selbst, sie schrieb auch Gedichte. – *Fado da Saudade* hingegen wurde verfasst von © José Galhardo. – Übersetzt von Gaby Wurster.

José de Sousa Saramago, geboren 1922 in Azinhaga, 2010 in Tias auf Lanzarote gestorben. Nach verschiedenen beruflichen Tätigkeiten setzte er sich nach dem Ende des Estado Novo an die Spitze der literarischen Erneuerungsbewegung. Für sein Gesamtwerk erhielt er 1995 den Prémio Camões und 1998 den Literaturnobelpreis. – Auszug aus: *Geschichte der Belagerung von Lissabon,* © Rowohlt Verlag, Reinbek bei Hamburg 1992. – Übersetzt von Andreas Klotsch.

Lesen Sie weiter

Fernando Pessoa   Ein anarchistischer Bankier

Von einem Freund befragt, gibt »ein großer Händler und ehemaliger Schieber« Auskunft über seinen Aufstieg vom einfachen Arbeiter zum wohlhabenden Bankier. Aber auch über seine anarchistische Gesinnung, die er nie aufgegeben hat.

Übersetzt und mit einem Nachwort versehen von Reinhold Werner
SVLTO. Rotes Leinen. Fadengeheftet. 96 Seiten

João Guimarães Rosa   Miguilim

João Guimarães Rosa, der wichtigste Romancier Brasiliens des 20. Jahrhunderts, hat mit *Miguilim*, dem Auftakt zu seinem großartigen Romanzyklus *Corps de ballet*, eines der bis heute populärsten Bücher des Landes geschrieben.

Aus dem brasilianischen Portugiesisch von Curt Meyer-Clason
WAT 705. 144 Seiten

Graciliano Ramos   Karges Leben

Karges Leben ist der kanonische Roman des brasilianischen Realismus schlechthin – und sein Titel Programm. So schonungslos hart – und trotzdem poetisch – wie Graciliano Ramos hat kaum ein anderer Autor die gesellschaftlichen Missstände Brasiliens kritisiert. Trotz seiner Verwurzelung im ländlichen Ambiente des Nordostens nach 1900 ein zeitloses, universelles Stück Literatur.

Aus dem brasilianischen Portugiesisch von Willy Keller
WAT 703. 144 Seiten

Graciliano Ramos   Kindheit
Ein autobiographischer Roman

Die ersten Bücher und die erste Liebe prägen unser aller Leben. Graciliano Ramos zeigt, dass das überall gilt – auch in der tiefsten brasilianischen Provinz.

Aus dem brasilianischen Portugiesisch von Inés Koebel
WAT 712. 256 Seiten

Mit einem *SVLTO* unterwegs ...

Rio de Janeiro Eine literarische Einladung

Rio und seine Bewohner, die cariocas, empfangen die Welt dem-
nächst nicht nur zur Fußball-WM und den Olympischen Spielen,
sondern sind gastfreundlich zu jeder Zeit: Brasilianische Autoren
stellen die Stadt unter dem Zuckerhut literarisch vor!

Herausgegeben von Marco Thomas Bosshard und Marcos Machado Nunes
SVLTO. Rotes Leinen. Fadengeheftet. 144 Seiten

Athen Eine literarische Einladung

Für viele Touristen lediglich eine unübersichtliche Transitstation
auf dem Weg in den Mittelmeerurlaub, ist Athen die vielgesich-
tige Hauptstadt eines modernen Griechenlands, das sich noch
immer am Rand von Europa fühlt. Athen ist älter als die meisten
europäischen Großstädte und zugleich jünger. Zu entdecken gibt
es pittoreske Plätze und avantgardistische Architektur, und mitunter kommen sich Marmor und Müll irritierend nah.

Herausgegeben von Birgit Hildebrand und Konstantinos Kosmas
SVLTO. Rotes Leinen. Fadengeheftet. 144 Seiten

Paris Eine literarische Einladung

Paris ist Mythos und Klischee. Ein Sehnsuchtsort. Kulisse unge-
zählter Filme und Romane. Brennpunkt europäischer Kunst, Mo-
de, Lebensart. Geburtsstätte der europäischen Moderne. Stadt der
Philosophen, Literaten, Künstler. Ein Ort zum Flanieren, über der
noch heute zu Fuß erkundet werden kann (und sollte)!

Die Texte der wichtigsten zeitgenössischen Autoren Frankreichs führen durch das heutige Paris, das modern und zugleich
durch und durch historisch ist.

Herausgegeben von Karin Uttendörfer und Annette Wassermann
SVLTO. Rotes Leinen. Fadengeheftet. 144 Seiten

Madrid   Eine literarische Einladung

Seit der sogenannten Movida der 1980er Jahre, jener Bewegung junger Künstler und Bohémiens nach dem Tod Francos, ist aus Madrid eine der exzentrischsten und zugleich abwechslungsreichsten europäischen Großstädte geworden.

Mit Texten von Pedro Almodóvar, Manuel Vázquez Montalbán, Rosa Montero, Javier Marías, Manuel Rivas u. a.

Herausgegeben von Marco Thomas Bosshard und Juan-Manuel Garcia Serrano
SVLTO. Rotes Leinen. Fadengeheftet. 144 Seiten

Mallorca!   Eine literarische Einladung

Neben den berühmten Mallorca-Beschreibungen, etwa den Erkundungsgängen des adligen »Aussteigers« Erzherzog Ludwig Salvator oder den Erlebnissen von George Sand mit Frédéric Chopin in Valldemossa, stehen Erinnerungen von Autoren, deren Aufenthalte auf der Insel weniger bekannt sind: Djuna Barnes, Blai Bonet, Jorge Luis Borges, Albert Camus, Santiago Rusiñol, Gertrude Stein, Albert Vigoleis Thelen. Außerdem kommen hier erstmals zeitgenössische mallorquinische Autoren zu Wort.

Herausgegeben von Margit Knapp
SVLTO. Rotes Leinen. Fadengeheftet. 128 Seiten mit vielen Abbildungen

Triest   Eine literarische Einladung

Triest ist eine der interessantesten Städte Italiens: die einzige, in der Sie in Caféhäusern sitzen können wie in Wien, aber mit Blick auf das blaue Meer der Adria!

Mit Autoren wie Italo Svevo, Umberto Saba und James Joyce, daneben Boris Pahor, Susanna Tamaro, Claudio Magris, Veit Heinichen, Mauro Covacich u. a.

Herausgegeben von Gaby Wurster
SVLTO. Rotes Leinen. Fadengeheftet. 144 Seiten

Wenn Sie mehr über den Verlag und seine Bücher wissen möchten, schreiben Sie uns eine Postkarte oder elektronische Nachricht (mit Anschrift und E-Mail). Wir informieren Sie dann regelmäßig über unser Programm und unsere Veranstaltungen.

Verlag Klaus Wagenbach   Emser Straße 40/41   10719 Berlin   www.wagenbach.de

Lissabon. Eine literarische Einladung erschien im Frühjahr 2010
als 170. *SVLTO*.

Die Übersetzung dieses Werks wurde gefördert durch die Ab-
teilung Bücher und Bibliotheken des portugiesischen Kultur-
ministeriums.
Obra apoiada pela Direcção-Geral do Livro e das Bibliotecas/
Portugal.

DG
LB
DIRECÇÃO-GERAL
DO LIVRO E DAS
BIBLIOTECAS

M|C
MINISTÉRIO DA CULTURA

© 2010 Verlag Klaus Wagenbach,
Emser Straße 40/41, 10719 Berlin
Wir bedanken uns bei den Autoren und den Verlagen für die
freundliche Genehmigung zum Abdruck (siehe Autoren- und
Quellenverzeichnis S. 136). Wir haben uns bemüht, alle Rechte-
inhaber ausfindig zu machen. Sollte es uns in einigen Fällen
nicht gelungen sein, bitten wir die Rechteinhaber, sich an den
Verlag zu wenden.
Umschlaggestaltung Julie August unter Verwendung einer
Photographie des Elevador do Carmo © corbis. Gesetzt aus der
Minion und der Bernard. Vorsatzpapier von peyer graphic,
Leonberg. Leinen von Gebr. Schabert, Strullendorf. Gedruckt
auf Schleipen und gebunden bei Kösel, Krugzell.
Printed in Germany. Alle Rechte vorbehalten

ISBN 978 3 8031 1269 9

9 783803 112699